R & L

ALEXANDER A. BESTUSHEW

EINE REISE NACH REVAL

Deutsch
von Angela Huber

Rütten & Loening · Berlin

Titel der russischen Originalausgabe
Поездка в Ревель

Herausgegeben von Ulrich Kuhnke
Mit 12 zeitgenössischen Illustrationen

ISBN 3-352-00456-0

1. Auflage 1992

Gesamtgestaltung Torsten Lemme
Satz ComPress Fotosatz GmbH, Berlin
Schrift 9/12 Walbaum
Reproduktion Reprogesellschaft Lutz Wahl mbH, Berlin
Druck und Binden Kösel GmbH, Kempten
Printed in Germany

Wo ist das alte Reval? Das alte gemütliche, ruhige, empfindungssinnige, lebensfreudige biedermeierische Reval? Ach! Es ist mit all seinen Holdseligkeiten auf immer dahin. Die kleinen anmutigen »Höfchen« vor der Schmiedepforte, im Katzenschwanz, in Wittenhof oder Dunten, wo der Revaler Bürger seinen Sommer zu verbringen pflegte, schwinden von Jahr zu Jahr ...
Bis ungefähr 1840 hat Reval dieses romantische, mittelalterlich-deutsche Gepräge unverändert beibehalten ...

»Das alte Reval« (1942)

Erster Brief

Reval, den 29. Dezember 1820

Es ward gewünscht – und ich gelobe,
Euch strengen Freunden, unumwunden,
daß an Berichten ich die Feder probe
in meinen flücht'gen Mußestunden.
Ich will die Abenteuer meiner Reise
beschreiben auf Dupatysche Weise;
des eitlen Müßigganges Mündel
und Spielball seiner Launen, hier
bring ich geflügelter Gedanken Bündel
für Euch schlaftrunken zu Papier.
Daß vielleicht ich, mit idealer,
kristallner Phantasie begabt,
hüllt Vielgestalt ganz wie ein Maler
in bunte Blüten, und Ihr labt
an Poesie Euch, stets kokett –
oder an Frohsinn, leicht und nett.
Ich gab mein Wort Euch, Freunde – wie?
Voll Überzeugung und voll Mut,
als prickelnd funkelnder Ay
vermischte sich mit wildem Blut.
Jetzt steht es anders: Kurz und gut –
verschwunden sind Träume, Legenden sind fort,
verdrossen kau ich an der Feder

und schau vergebens immer wieder durch die
Lorgnette: doch dort
nur Leute, Leute – große Welt wie hier am Ort!
Jedoch auf ... Kragenspiegel
(dies sage ich Euch im Vertraun),
winden Parnassens liebe Fraun
noch lang nicht Blumenkränz als Gütesiegel.
Daher ist dieser Reise Band
geschrieben nur von leichter Hand
und ohne dichterische Zier,
drum Freunde, auf – beginnen wir!

Wir haben uns getrennt – der Zeit nach sicher nicht auf lange, wohl aber dem Herzen nach. Um sieben Uhr abends dröhnte der Schlagbaum des Narwa-Stadttores weit hinter mir.

Die Rosse stürzten von dannen, das Klingeln der Glöckchen an beiden Troikas ertönte auf dem Weg nach Peterhof. Der Himmel klarte auf, meine Gedanken aber verdunkelten sich. Verlassen saß ich in meinem Schlitten und empfand meine völlige Einsamkeit. Nachdem wir in Strelna die Pferde gewechselt hatten, eilten wir weiter. Als wir uns Kipen näherten, warf ich einen Blick auf die Hügel und Felder um Duderhof und Krasnoje Selo. Dort führen wir jeden Sommer Manöver durch und werden für künftige Schlachten ausgebildet.

Als einst im Schlaf lag die Natur,
Kanonendonner grollte schwer,
der Reiter auf des Feldes Spur
ritt sofort los, mit blitzendem Gewehr.
Und plötzlich fand sich Front zu Front,

das Kriegsgetöse hörend bis zum Horizont:
Infanterieverbände rücken vor,
Geharnischte in Formation,
dort nahen die Kosaken schon,
und leise weht der Fahnen Flor
der Schar Ulanen, nicht mehr fern;
ein Strahl vom goldnen Morgenstern
sich auf den Bajonetten bricht,
Harnische taucht in braunes Licht ...
Hört: Stillgestanden! Auf die Plätze!

Recht so, Freunde! An der Front gibt es keine Geschichtchen. Das Manöver ist beendet; ich steige staubig und müde vom Pferd und – es wird schon Abend – gehe zum steilen Abhang des Berges, um frische Luft zu atmen. Von hier aus liegen das weite Meer, ganz Petersburg wie auf der flachen Hand vor mir.

Mit Geßner dort der Ruh der Nacht ich harrte,
und mit dem Flügelschlag der ew'gen Phantasie
der Abendröte Abschied, welke Ros, sich paarte,
versank des Westens streif'ge Sinfonie.

Der Jüngling Mond – nachdenklich und allein,
warf seiner schwachen Strahlen rötlich Licht
auf Täler, schlafend – in der Tiefe Schein
der Dunst der Nebel, blaß und dicht.

Es raschelt Schilf, das Bächlein strahlt im
Glanze,
der graue Horizont schweigt still,
und Trauer schmückt das Bild, das ganze,
auch meine Seele trübe denken will.

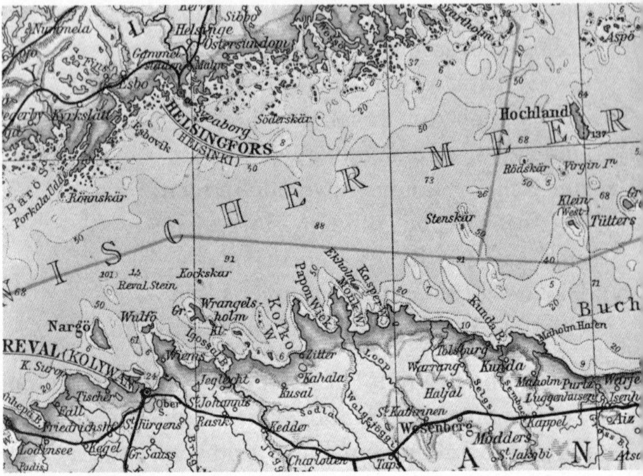

Helsinge
Östersundom
Sibbo
Esbo
Kyrkslätt
Sveaborg
HELSINGFORS
(HELSINKI)
Söderskär
Hochland
Rödskär
Stenskär
Tütters
Porkala Udd
Rönnskär
Reval Stein
Kockskär
Wrangelsholm
Nargö
Wulfö
REVAL (KOLYWAN)
K. Surop
Ekholm
Kasperwiek
Paponwiek
Kolko W.
Zitter
Kahala
Kusal
Jeglecht
St. Johannis
Rasik
Kedder
Loop
Warrang
Tolsburg
Kunda
Kunda B.
Maholm Hafen
Maholm
Purtz
Luggenhusen
Haljal
Selgs
St. Kathrinen
Wesenberg
Mödders
Kappel
St. Jakobi
Friedrichshof
St. Jürgens
Kegel
Lodensee
Gr. Sauss
Charlottenhof
Taps
Fall
Tischer
Aspö
Buch

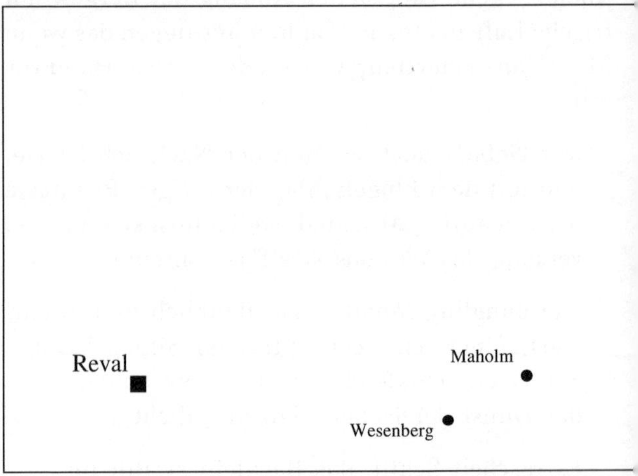

Reval
Maholm
Wesenberg

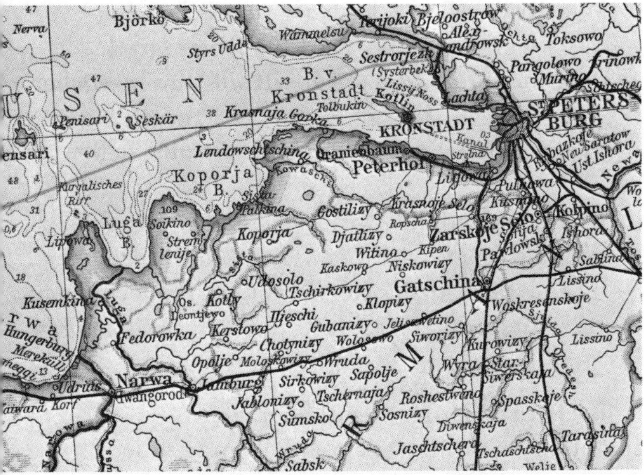

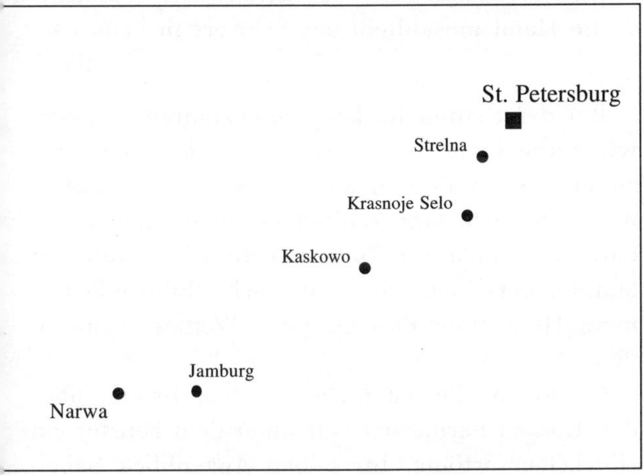

Bestushews Reiseroute
St. Petersburg – Strelna – Krasnoje Selo –
Kaskowo – Jamburg – Narwa – Maholm –
Wesenberg – Reval

Wie Krähenflügel hüllen graue Schwaden
das Firmament ein, leuchten Blitze grell,
doch furchtlos übertönen wir des fürchterlichen
Sturms Tiraden
durch schallendes Gelächter, laut und hell.

Der Blitz verblaßt vorm Feuerrot der Wangen,
den Burschen wird beim Trank die Seele weit;
in den Berichten, wie sie Feinde niederrangen,
verschmelzen Gegenwart und längst vergangne
Zeit.

Berittner Regimenter Heldentaten
entfachen in der Seele unbekannte Glut;
man sucht den Blick des feindlichen Soldaten,
die Hand umschließt das Schwert in grimmer
Wut.

Bei der Station Kaskowo angekommen, fanden wir keine Pferde vor. Verärgert begann ich mich zu entkleiden und meinen vereisten Bart aufzutauen. Als ich dann schließlich eingesehen hatte, daß man nicht im Zorn aus Kaskowo abreisen konnte, entschied ich mich, nach Philosophenart mein Herz einer Flasche guten Weines zuzuwenden.

Gerade wollte ich mich mit dem Bruder über den Korken hermachen, als unter dem Fenster ein Glöckchen ertönte. Im selben Augenblick Säbelgerassel, eine furchterregende Stimme rief: »Pferde!«, und ein bärtiger Offizier, in einen Bärenpelz gehüllt, betrat die Stube. Es war Eugen Kron, Major des ...sten Husarenregimentes, dessen Bekanntschaft ich in Petersburg im Theater gemacht und mit dem ich in Felets Restaurant Freundschaft geschlossen hatte.

»Herzlich willkommen, alter Freund!« Wir umarmten einander und schüttelten uns die Hände. Wie üblich über gute Sitten, Postmeister und Reisende schimpfend, setzten wir uns an den Tisch und gerieten ins Plaudern.

»Welcher Teufel treibt dich denn nach Reval?« begann er und steckte sich seine mächtige Pfeife an. »Um ehrlich zu sein, diese Stadt kenne ich nicht. Ich passierte sie bisher lediglich auf der Durchreise, doch wollte man alle Städte Livlands nach Dorpat und Riga beurteilen, so prophezeihe ich dir feierlich die allerlangweiligste Langeweile. Als ich eine Woche lang bei meinem Onkel, dem Brummbär, unweit von Riga wohnte, gähnte ich tagtäglich wie die Kanone im Kreml. Ich bin heilfroh, den Grenzen meiner liebenswürdigen Heimat entronnen zu sein. Dort sind die Menschen Gefangene ihrer Stunden: Gefeiert wird nach dem Kalender, und ihre Gefühle entbrennen über ihren Rechenbrettern! Wenn ich dies so sage, meine ich einige wenige, und zwar Männer, denn das schöne Geschlecht ist immer und überall liebenswert. Insbesondere in Livland kann man sich nicht satt sehen an Schönheiten, sie sind sehr lieb und wohlerzogen. Aber frage sie lieber nicht nach ihrem Herzen – dieses zählt ja wohl nicht zur Hauswirtschaft; rede mit ihnen nicht über die Regungen der Seele – sie kennen sie lediglich vom Hörensagen, und selbst das noch aus Traumdeutungsbüchern.«

»Wahrscheinlich war irgendeine grausame Schöne, die dich nicht als neuen Pygmalion anerkennen wollte, der Anlaß deiner bissigen Satire?« warf ich schmunzelnd ein.

»Nichts dergleichen hat sich zugetragen!« fuhr Kron fort. »Ich rede ohne Leidenschaft, denn die Liebe zu meiner Frau dient mir als Schild gegen die Angriffe des windigen Burschen Amor.«

»Du bist verheiratet? Der Schelm Eugen verheiratet?«

»Und das sehr ernsthaft, lieber Freund, und auch sehr glücklich; doch bin ich zu Hause verheiratet und nicht für die Freunde! Auf die Gesundheit meiner Gattin!«

Wir prosteten einander zu. Der wortgewandte Major erzählte weiter:

»Ich bin wirklich erstaunt, daß du bis jetzt nichts davon wußtest. Doch jetzt ist mir nach Geschichten zumute, ich will dich in die Geheimnisse meines Daseins einweihen. Ich bitte um Aufmerksamkeit:

Geboren in der Nähe von Riga, wuchs ich im weißen Moskau auf und erhielt meine Ausbildung an der Adelspension der Universität. Daher ist an mir eigentlich nur noch der Familienname deutsch. Die Eltern starben, und der alte Großvater schickte mich zum Abschluß meiner wissenschaftlichen Studien nach Heidelberg. Wie es sich für einen richtigen Studenten geziemt, kleidete ich mich auf die einfältigste Weise, lernte den Sechsstundenkrug auf einmal zu leeren, schlief während der Vorlesungen, um nicht in den Wirtshäusern einzuschlafen, warf die Fenster der Professoren ein und zerbrach

Florette an der Brust der besten Kämpfer der Universität – mit einem Wort, ich erwarb mir den zweifelhaften Ruf eines üblen Renommisten. Es fand nicht ein Duell um das *Gassen-Recht* statt, in dem ich nicht eine Haupt- oder Nebenrolle gespielt hätte, und alle Kameraden gestanden mir den Meistertitel zu. Allein Baron Ehrens konnte es sowohl im Schießen als auch beim Trinken und Randalieren mit mir aufnehmen. Er war ein Mensch, wie man ihn heute nur noch selten findet, voller Edelmut, klug, fröhlich, temperamentvoll wie ein Araberhengst und gütig, ich bitte um Nachsicht, wie ich selbst. Vom ersten Glase an, auf das »Du« geleert, waren wir unzertrennlich. Wir hausten zusammen, machten gemeinsam Unfug und wurden schließlich auch gemeinsam von der Universität gefeuert, wegen eines Duells, bei dem er mein Sekundant gewesen war. Ehrens kehrte in seine Heimat Preußen zurück und ich nach Rußland. Wohl hatten wir vieles gelernt – nur nicht das, was wir hatten lernen sollen. Beim Abschied tauschten wir unsere Säbel, die wir eigens aus diesem Anlaß in Solingen in Auftrag gegeben hatten. Auf den Klingen stand in französischer Sprache: Dem wahren Freunde.

Im Jahre 1811 nach Moskau zurückgekehrt, wurde ich Junker bei den Husaren. Eher schlecht als recht diente ich den gesamten Feldzug hindurch, kämpfte, wurde verwundet und ausgezeichnet – aber nicht darüber will ich hier berichten. Unser Regiment eilte im Jahre 1815 nach Waterloo, um in Paris an der Siegesfeier teilzunehmen. Auf dem Rückweg wurde ich zum Brigadequartiermacher ernannt und erwartete mein Regiment, das ich überholt hatte, in Leipzig. Eines Abends trat ich auf einen der Boulevards der Stadt, stieß dort auf eine Handvoll russischer Offiziere, und wir machten uns im Zelt über den Champagner her. Deutsche Mädchen, schön wie der Maienmorgen, spazierten auf und ab. Unter ihnen befand sich eine ganz besonders stattliche Erscheinung, die wie ein gütiger Engel an uns vorüberschwebte.

»Ich will bei meinem künftigen Barte schwören«, rief der Ulanenkornett Poswistow plötzlich aus, »daß ich freiwillig zwanzigmal zum Futterholen reiten werde, wenn mir dieses Mädchen nur erlaubt, seinen Handschuh zu küssen.«

»Ich aber setze meinen Kopf gegen eine Walnuß«, hielt Euer ergebener Diener dagegen, »daß ich ihr die Hand küssen werde!«

Etwas zu denken bedeutet für mich, es auszusprechen; es auszusprechen aber bedeutet, auch zu handeln – und schon folgte ich der Schönen auf dem Fuße. Der Zufall erwies sich als meine Ordonnanz; sie verlor ihr Tuch, ich eilte hinzu, hob es auf, gab es ihr mit einem Kompliment zurück und küßte dabei gewandt das zarte Händchen der Unbekannten. Ihr überraschtes, zorniges Gesicht signalisierte mir unmißverständlich: »Ihr, Herr, seid unverschämt!« Und in meinem Rücken sprach jemand mit dunklem Baß genau diese Worte in deutscher Sprache laut und vernehmlich aus. Ich drehte mich um und erblickte einen hochgewachsenen preußischen Offizier, der uns mit drei Schritten einholte.

»Schwesterlein«, sagte er zu dem erschrockenen Mädchen, »setze dich in die Kutsche und fahre heim, ich komme bald nach!«

Während er ihr in den Wagen half, wandte er sich zu mir um: »Mein Herr, wenn Ihr den Wagemut nicht zusammen mit Eurem Verstand in der Säbeltasche vergessen habt, so gestattet mir herauszufinden, ob Ihr vor dem Säbel ebenso unerschrocken seid wie dreist beim Beleidigen schutzloser junger Damen!«

Das brachte mich aus der Fassung. Unsere Gemüter erhitzten sich, die Sache endete, wie in einem solchen Falle üblich. Mit Sekundanten ausgestattet, trafen wir uns außerhalb der Stadt.

»Welche Waffe wählen wir?« fragte er.

»Besser keine Säbel!« gab ich zur Antwort. »Wir Russen schätzen keine Kommersabsprachen in ernsten Angelegenheiten!«

Man brachte Pistolen. Die Kugeln glitten in die Mündungen, die Ladestöcke verhießen die Stunde des Todes. Sechs Schritte wurden für die Distanz ausgezählt, weitere fünf mußten wir zum Zielen auseinandergehen, um dann zu ziehen und zu schießen, wie jeder es für richtig hielt. Die Hähne klickten.

»Dürfte man erfahren«, begann ich – ». . . wen Ihr die Ehre habt zu erschießen?« unterbrach er mich. »Das werdet Ihr nach Eurem oder meinem Tode erfahren! Herr Sekundant, beginnt zu zählen! Wir sind bereit!«

In diesem Augenblick blies der Wind wie absichtlich die Mütze fort, die zur Markierung der Entfernung gedient hatte. »Meine Herren«, sagte einer der Sekundanten, »bitte reicht mir Eure Säbel als Begrenzung!«

Wir griffen beide im selben Atemzug danach, die vergoldete Klinge des Gegners erhellte wie ein Lichtstrahl meine Gedanken, und ich erkannte ihn – Baron Ehrens! Muß ich noch erwähnen, daß wir einander in die Arme fielen und das Duell vergessen war?

Allerdings erschien es uns vollkommen unerklärlich, wieso wir einander nicht hatten erkennen können. Um ehrlich zu sein, ich hatte ihn aufgrund von Gerüchten nicht mehr unter den Lebenden geglaubt und hätte auch niemals vermutet, daß er in den Militärdienst eintreten würde. Viel Zeit war seit dem Tage unserer Trennung vergangen, aus dem lieben Burschen Ehrens war ein ganzer Mann geworden. Zudem ließen ihn Bart, Koteletten, aufgestutztes Schläfenhaar und das sonnengebräunte Gesicht, zur Hälfte vom Kragen des Husarenrocks verdeckt, völlig verändert erscheinen. Und auch mich wiederzuerkennen war nicht ganz leicht! Eine Narbe auf der Wange, zur Erinnerung an eine Sache am Montmartre, verbarg sich unter einem breiten Verband und machte aus mir eine Kopie des Ritters von der traurigen Gestalt. Der Zorn hatte uns blind gemacht, ist es da verwunderlich, daß wir uns täuschen ließen?

Der Bruder übernahm es, bei seiner Schwester um Vergebung für mich nachzusuchen, die Freude über seine unversehrte Rückkehr ließ sie rasch alles Gewesene vergessen. Ehrens' Eltern nahmen mich wie einen der Ihren bei sich auf. Ich suchte um die Erlaubnis nach, noch drei Wochen bleiben zu dürfen, und verliebte mich unsterblich in Emma, die ich im Spaß beleidigt hatte. In ihrer Nähe vergaß ich die Husaren und die ganze Welt, ich seufzte, hoffte, ängstigte mich, tat Tausende dummer Dinge und redete Unsinn. Am Tage vor der Abreise hatte ich noch immer nicht die Worte gefunden, um mich Emma zu erklären. Das Herz war übervoll, der Kopf jedoch hohl wie ein Knopf am Paraderock. Schließlich führte mich Ehrens aus dem Labyrinth der Zweifel heraus. Er fragte sie, erfuhr daß ich ihr gefiel, sprach mit den Eltern, und die Angelegenheit nahm ihren Lauf. Mit dem Verlobungsring reiste ich ab, kehrte drei Monate später noch verliebter als zuvor zurück, heiratete und meldete mich bald wieder im Regiment. Da hast du den ganzen Roman meiner Eheschließung. Durch eine dumme Anekdote kam ich zu einer unvergleichlichen Gattin, war jedoch gleichzeitig Gefahr gelaufen, meinen besten Freund zu erschießen oder aber von seiner Hand zu sterben.«

Es wurde angespannt, wir gingen auseinander.

Zweiter Brief

Reval, Dezember 1820

Es war noch dunkel, als wir auf der nächsten Station eintrafen. Viele Reisende schliefen auf den Sofas, meine kleinen Reisegefährten, Zöglinge der . . .er Pension, dösten im Sitzen, während die Pferde gewechselt wurden. Um ein Haar wäre auch ich in tiefen Schlaf gesunken, doch eine komische Stimme im Nebenraum ließ mich aufhorchen. Ein auf der Durchreise befindlicher Deutscher, der seine Offenherzigkeit in Biermolke eingeweicht hatte, erzählte dem schlaftrunkenen Wirt seine Lebensgeschichte. Um das Vergnügen dieser Begegnung auch wirklich ermessen zu können, muß man die kubische Gestalt des Redners gesehen haben, seine stattliche Nase, seinen Mund, der fast bis an die Ohren reichte – und man mußte durch die angelehnte Tür den Bericht gehört haben, wortreich und voll von Wiederholungen. Ich hatte begonnen, dem Roman meines Helden seit dem Kapitel seiner Eheschließung zu lauschen. Das hinderte mich aber keinesfalls daran, in Erfahrung zu bringen, daß ich die Ehre mit dem Klarinettisten Iwan Iwanowitsch Poschmann hatte, daß sein Vater ein poltriger Mensch gewesen war, denn er hatte im

Theater Trompete geblasen, daß sein früherer Schwiegervater, ein Sargmacher, die solidesten Särge in ganz Petersburg herstellte, (ohne jedes Astloch und ohne Zugluft), daß sein Weib tagein, tagaus mit ihm herumzankte und ihn jeden Sonntag verprügelte. Gleichwohl liebte er sie ihrer überragenden Kunstfertigkeit beim Kaffeekochen wegen und war auch eifersüchtig – weil dies so üblich ist.

Er folgte ihr mit Blicken sehr,
doch Schlösserklappern wollt nicht taugen:
denn Lel sieht mit nur zweien mehr
als Eifersucht mit tausend Augen...

Um es deutlich auszusprechen: Seine Frau betrog ihn. Schließlich brannte sie mit einem Apotheker durch und zwang obendrein ihren Mann, für die Scheidung aufzukommen. Doch der Verlust der Gattin ließ den stoischen Klarinettisten nicht verzweifeln; da man ihm auf ihrer Hochzeitsfeier umsonst zu trinken gab, betrank er sich bis zum Umfallen. Aber seit jener Zeit nagt Schwermut an seinem Herzen und an seinem Magen, schon vermag es ihm niemand mehr recht zu machen mit seinem ausgesuchten Kaffeegeschmack. Jetzt verteilt er seine Nöte auf die Untertassen im Bürgerklub. *»Ach! Welche prächtige Kafe!«* ruft er aus und plustert sich auf, dabei war ganz zufällig eine halbe Zichorie darin. Als ich hinausging, um nachzuschauen, wie weit man mit den Pferden war, hörte ich, daß er nun zu Verwandten nach Wesenberg reise, die ihm eine seltene Kaffeeköchin empfohlen hatten. Er war entschlossen, sie in der Kunst des Kaffeekochens zu examinieren und mit ihr das Schicksal des Herzens und seine Kaffeekanne zu teilen. – Lebte dieses Original in England, sinnierte ich, dort widmete man ihm mindestens ein Poem wie »Hudibras«, das auch ganz bestimmt nicht schlechter als dieses wäre.

Mit einiger Mühe stöberte ich meinen Bruder in der anderen Hälfte der Poststation auf. Er befand sich in der Nähe eines wunderschönen, gutgebauten jungen Mädchens, das auf dem Sofa saß. Sie erschien mir wie Diana, die Königin des Mondes, die ihr fahles Licht am schlafenden Firmament entzündet hatte. Alles ringsum lag im Halbschlaf, die Kerze vor ihr glomm kaum noch. Mein Bruder glich Boreas; in einen zottigen Pelz gehüllt, machte er das Bild vollkommen. Während er der zauberhaften Unbekannten seinen Platz überließ, begann er eine Unterhaltung, und wir brachten in Erfahrung, daß sie mit Familiennamen . . .r hieß und von Reval her unterwegs war. Schon wieder ein romantisches Abenteuer, so werdet Ihr jetzt sicher denken – und irrt Euch! Die Begegnung begann damit, daß ich in große Verlegenheit geriet, als ich völlig zerzaust ins Zimmer stürmte. »Pardonnez, madame!« murmelte ich und griff an meine Mütze, die plötzlich mit drei gordischen Knoten befestigt zu sein schien. Sie ließ sich einfach nicht abnehmen, wie Dmitrijews Golubok in der Verbannung quälte ich mich mit ihr ab und zerrte sie mir über die Augen. Schließlich gelang es mir doch noch irgendwie, meinen Kopf von diesem charmanten Turban zu befreien. Könnt Ihr Euch diese komische Szene vorstellen? Nachdem ich meinem Bruder feierlich verkündet hatte, die Vorbereitungen zur Abreise seien getroffen, bedauerten wir aufrichtig, daß eine solche Schönheit nicht durch ihre Anwesenheit zum Schmuck der Festtage in Reval beitragen würde. Wir wünschten ihr eine glückliche Reise nach Petersburg, verbeugten uns und bestiegen die Schlitten. Der Bruder fuhr voraus, bald schon folgte ich ihm.

Laut sind die Tore nun ins Schloß gefallen,
gar eilig mache ich mich auf den Weg.
Der Nebel Schleier seh ich wallen,
sie hüllen Felder, Wiesen ein und jeden Steg.
Die blassen morgendlichen Haine
versinken fahl im Dämmerschein,
und plötzlich färbt den Osten eine
wie Feuer leuchtend rote Sonne ein!
Auf Feldern liegt von Edelsteinen heller Glanz,
der Nebel löst in Wölkchen nun sich ganz,
sie ziehn in einer Reihe eilig fort - ich schau
ihr nach bis weit hinauf ins Himmelsblau.
In den wie Perlen starren Winterzweigen
spielt nun der Hauch des Windes leise;
ob Baum, ob Fels, auf unerklärte Weise
sich vage Schatten, rastlos, zeigen.
Bei Tagesanbruch setz ich fort die Reise,
zu hören ist Geschurr von Schlittenkufen,
und unter schneller Pferde Hufen
vorbei ziehn Hügel, Felder, Wald,
dem Blick entziehen sich des Himmels Stufen,
entgleitet Boden unsren Füßen bald.
Der Schnee, von meinen Rossen aufgewirbelt,

stiebt hinter unsrem Schlitten, wie gezwirbelt,
und einem Feuerregen gleich,
fällt er in Regenbogenfarben pur
hernieder auf der Kufen Silberspur.

In der Tat, welch herrlichen Anblick bietet die aufgehende Sonne im Winter, wenn sich ihr Schild über der verschneiten Landschaft erhebt!

Unterdessen kamen wir auf unserem Weg nur sehr langsam voran; hier aßen wir zu Mittag, dort frühstückten wir oder tranken Kaffee. Unsere kleinen Reisegefährten trugen ebenfalls zu unserer Unterhaltung bei, denn sie begannen schon herumzutollen, kaum daß sie sich aufgewärmt hatten. So manches Mal tauchte, während ich schlief, auf meinem Gesicht eine mit Kohle gemalte Verlängerung des Bartes auf, gelegentlich rutschte ein Schneeball ungesehen in den Kragen. Und gemeinsam mit ihnen wollte ich mich vor Lachen ausschütten – vergangene Kindertage in allerbester Erinnerung.

Um vier Uhr, am 24. Dezember, kamen wir durch Jamburg (das frühere Jam), auf beiden Steilufern der Luga gelegen. Es ist ein kleines Städtchen, doch ausgesprochen adrett, mit wunderschönen öffentlichen Gebäuden und einer Kirche. So oft war die Stadt von den Rittern des Deutschen Ordens erstürmt worden! Wie viele Male schon sah sie in ihren Mauern, die heute nicht mehr stehen, die Russen sowohl als Besiegte als auch als Sieger! Und unzählige Male erglühte der Himmel über ihr im Schein von Feuersbrünsten!

Um acht Uhr, als wir an Narwa vorüberfuhren, bedauerte ich, daß zum Besichtigen keine Zeit blieb. Die schwarzen Türme der Burg erhoben sich über den Felsen. Von der Zeit zerstörte Mauern hingen hoch über der Narowa, über den Spitzen der gotischen Türme und Kirchen breitete die Nacht ihre dunklen Flügel aus.

Hinter Narwa beginnt Estland. Schon sieht man keine reichen Posthäuser mehr, Pferde wie Menschen hier sind klein von Wuchs. Je mehr man sich Reval nähert, desto lichter wird der Wald, und die Straße wird stetig schmaler. Die flachen Häuschen der Einwohner, zwischen Büschen bunt verstreut, bilden selten ein Dorf. Alle zwei bis drei Werst erkennt man rußgeschwärzte Schenken, ohne Fußboden, in der Ecke ein gewaltiger Kamin. Innen verräucherte Esten, mit zottigem Haar bis an den Gürtel, die mit Ziegen und Kälbern gemeinsam schlafen. In diesen Schenken ziehen der Dampf am Boden und der Qualm an der Decke entlang. Jedesmal wähnte ich mich beim Eintreten in Plutos unterirdischem Reiche. Nachdem ich wieder an der frischen Luft war, pflegte ich zu sagen, mich an den schwarzen estnischen Gesichtern und Häuserwänden freuend: »Wie schön ist doch die Natur – man muß sie nur gründlich waschen!«

Wie es auch sei, nachdem ich aus der Regel »Dem Reichen schenk Gehör, den Armen bring zum Reden!« für mich eine Methode zur Sammlung von Informationen abgeleitet hatte, brachte ich in Erfahrung, daß sich der Zustand der hiesigen Bauernschaft hinsichtlich ihres sittlichen wie körperlichen

Befindens unter dem Einfluß der dauerhaften Freiheit, die ihr von unserem Monarchen gewährt wurde, deutlich verbessert hat. Jene Grundherren, die die Ziele der weisen Regierung mit tragen, haben davon sichtlichen Nutzen. Der Ackerbau blüht in diesem Gebiet auf, die Branntweinbrennerei profitiert davon. Die Esten entwöhnen sich allmählich der Trunksucht, der Faulheit und aller Sünden, die mit der Unwissenheit gewöhnlich einhergehen. Aber, meine lieben Freunde, ich schreibe ja schließlich kein Buch und auch nicht aus einem Buch ab, daher empfehle ich neugierigen Lesern das Studium des Aufsatzes »Essai critique sur l'histoire de la Livonie«, in welchem in aller Ausführlichkeit die gegenwärtige Lage in ganz Livland behandelt wird.

Ich weiß nicht, meine Freunde, ob Ihr schon einmal eine derartige Erfahrung gemacht habt, wie ich sie jedesmal beim Übergang vom Wachsein in den Schlaf mache: Die Gedanken geraten kaum merklich durcheinander, sie werden lichter, verdunkeln sich; an das Ohr dringen noch Geräusche von außen, doch bald schon verschmelzen sie mit dem noch undeutlichen Traum; von Zeit zu Zeit läßt sich ein zitterndes Fädchen des letzten Gedankens erhaschen, doch irgendein Chaos vernebelt Verstand und Gedächtnis und vermengt alles zu einer einzigen unaussprechlichen Empfindung; noch verwischen die Trugbilder nicht die Erinnerung an das Wachsein, wie dies bei Traumvisionen geschieht, um so unmerklicher fesseln und betrügen sie jedoch die Gefühle. Ich vermag nicht zu beschreiben, was ich in einem solchen Augenblick sehe oder höre, weiß aber, daß ich in derartigen Dämmerstunden über ein ganz besonderes Arsenal an Gedanken, Begriffen und Orten verfüge. Ich öffne die Augen, und für den Moment dauert der Einfluß dieser Träume auf mich noch an; in demselben Maße aber, wie Begriffe und Regungen eine bestimmte Ordnung annehmen, entfernen sie sich, verschwinden sie wie Schatten einer Fata Morgana und lassen nicht den leisesten Hauch einer Erinnerung oder eines Eindrucks zurück.

Wir reisten mit Postpferden, und ich, nach zwei Tagen ohne Schlaf erschöpft, lag gegen acht Uhr morgens im Halbschlaf. Obgleich ich bei jedem Sprung über Steine aufwachte, war ich innerlich doch schon bereit, in Schlaf zu sinken.

Plötzlich stürzte der Schlitten um, und ich flog in hohem Bogen hinaus: Der Stoß war furchtbar, ich schlug mit dem Kopf auf der verharschten Schneedecke auf und verlor das Bewußtsein. Es schien mir damals, als läutete man eine riesige Glocke!

Als ich jedoch mein Bewußtsein wiedererlangt hatte, bedauerte ich, nicht Zeuge meines eigenen Sturzes geworden zu sein, denn davon hätte man eine vortreffliche Karikatur anfertigen können! Ich, wie Cyprianus von Karthago, küßte ungewollt fremden Boden, mein Sancho Pansa zappelte unter den Koffern, und der schmuddelige Este kroch mit seiner Schapka unter dem Schlitten hervor. Die braven Pferdchen wackelten beim Anblick unseres Mißgeschicks bedächtig mit den Ohren – auf diese Art wurde das Gemälde vollkommen.

Ich bin wahrlich schon oft gestürzt, doch zum ersten Male derart unglücklich. Unter großen Mühen, meinen kranken Kopf stützend, ritt ich zur Poststation, die Gegend verfluchend, in der man selbst auf dem Festland vor Steinen unter Wasser auf der Hut sein muß.

Man sagt gemeinhin, daß das Reisen bildet. Ich aber bin vielmehr der Ansicht, man sollte sich bilden, um auch mit Nutzen zu reisen. Auf diese Weise erwacht jeder Gegenstand, dessen wir uns erinnern, zu neuem Leben. Dies empfand ich beim Passieren des kleinen Ortes Maholm, der im Jahre 1501 durch die Schlacht der livländischen Ritter gegen die Armeen des Großfürsten Iwan, des Großvaters Iwans des Schrecklichen, Berühmtheit erlangte.

Vierzigtausend Russen und Tataren waren ausgezogen, um die ungehorsamen Untertanen Rußlands, die Ritter des Schwertbrüderordens, zu bestrafen. Ein ebenbürtiger Gegner erwartete sie, der mutige Ordensmeister Wolter von Plettenberg, der ein an Leib und Seele mächtiger Mann gewesen sein soll, verträglich im Frieden, doch unerbittlich in der Schlacht. Hier trafen die russischen Verbände auf die ehernen Schwadronen des Ordens. Die Ritter waren den Unsrigen zwar zahlenmäßig vierfach unterlegen, aber zehnmal besser ausgerüstet. Die deutsche Artillerie setzte Lauffeuer gegen die Russen ein – und die Pskower erzitterten, ließen die Waffen fallen und rissen auf der Flucht auch die Truppen der Moskauer mit sich fort. Der Statthalter Tenschin und der Bojar Borosdin fanden den Tod. Zwar waren unsere Verluste nicht groß, wohl aber die Schande für die Überlebenden. Plettenberg verfolgte die Flüchtenden und steckte, von Isborsk her abgewehrt, die Vorstadt in Brand. Diese Tragödie endete wider Erwarten komisch. Bei den Deutschen grassierte die Lustseuche, sie vermochten sich nur mit knapper Not und unter großen Verlusten, durch Gebrechen und Entbehrungen geschwächt, nach Hause zurückzuziehen.

Über den Schauplatz der Schlacht sind sich die Chroniken nicht einig. Die Russen nennen den Fluß Seriza, unweit von Isborsk, Arndt und Gadebusch jedoch – diesen kleinen Ort hier. Letzteres wird durch die Überlieferung untermauert, Plettenberg habe vor der Schlacht ein Gelübde abgelegt, im Falle eines Erfolges eine Kirche zu errichten – und er errichtete sie. Noch heute sind ihre Ruinen erkennbar, ungefähr drei Werst vom Weg entfernt, nahe der Station Hohenkreuz.

Weiter, auf einem steilen Berge, erkennt man die halbzerstörte Burg Wesenberg, leidgeprüft und mit wechselvoller Geschichte. Als Tor zum Revaler Gebiet wurde sie mehr als zwanzigmal besetzt und niedergebrannt – von Dänen, Russen und Polen. Die Gemetzel innerhalb und außerhalb ihrer Mauern waren kaum zu zählen und allesamt sehr grausam.

Am bemerkenswertesten von allen war jedoch die Schlacht der Deutschen gegen die Truppen Nowgorods, Ladogas und Pskows im Jahre 1268, die unter dem Befehl von Michail und Dmitri, der Söhne Jaroslaws, standen. Die Russen waren ausgezogen, um unter Einsatz besonderer Pulverladungen, die in der Lage waren, Mauern zu sprengen, die Dänen auf Wesenberg festzusetzen. In den Deutschrittern stießen sie auf unerwartete Feinde. Diese tauchten, nachdem sie ihnen heuchlerisch Freundschaft versprochen hatten und dieses Ehrenwort dann verrieten, unverhofft vor den Nowgoroder Verbänden auf. Die Kreuzritter wurden von Magister Otto von Rodenstein und von Alexander, dem Bischof von Dorpat, angeführt. Die Russen waren überrascht, ließen jedoch den Mut nicht sinken, stießen weiter vor bis hinter das Flüßchen Kegel, schlugen sich tapfer, durchbrachen die feindlichen Reihen, fielen und töteten. Tausende kamen um, aber nicht einer trat den Rückzug an. Lediglich Fürst Juri Andrejewitsch »reichte die Schulter«, wie der Chronist es ausdrückt, »möglicherweise deutet dies auf ein ›Hinterbringen‹ (Verrat); Gott allein weiß es!« Der Statthalter Nowgorods, Michail, und viele seiner Gefolgsleute kamen um, von sehr vielen fehlte jede Spur. Dmitri jedoch überrannte die Ritter, bis tief in die Nacht hinein schlug er sie direkt vor den Toren der Stadt und jagte sie schließlich zum Teufel. Teuer kam die Deutschen die Schlacht zu stehen, die Russen der Sieg noch teurer; sie zogen heimwärts, nachdem sie drei Tage »bei den Gebeinen« (d.h. auf dem Schlachtfeld) ausgeharrt hatten. Fünftausend russische Krieger und dreizehnhundert Deutsche waren gefallen. Unter letztgenannten war auch der Bischof von Dorpat. Weder Väter noch Großväter hatten je ein derartiges Gemetzel erlebt oder jemals von einem solchen gehört. So berichtet der Chronist von Nowgorod...

Ohne besondere Abenteuer erreichten wir direkt am Heiligabend die letzte Station vor Reval. Es war bereits gegen sieben Uhr, als wir uns auf den Weg machten und recht lange auf dem kaum ausgefahrenen Pfad unterwegs waren. Unvermutet stob plötzlich der Schnee auf, wurde undurchdringlich – ein Schneesturm begann, und die wüste Meeresküste bäumte sich unter der Gewalt des tobenden Windes. Die Grenzsteine, die den Weg markierten, waren schon sehr bald vom Schnee völlig zugedeckt, der die Augen blind werden ließ. Das Schneetreiben fegte den Weg zu, schließlich schwand auch der allerletzte Hinweis auf ihn. Verschwinden nicht auch wir – so kam es mir in den Sinn – eines Tages auf ebensolche Weise...

Jahrhundert auf Jahrhundert folgen leise
dem Augenblicke nach, der sanft entflieht;
der Tod bedeckt die Spur der Lebensreise
mit dem Vergessen, welch unendlich Lied!

Lange wurde der Schlitten, der Laune der Pferde ausgeliefert, herumgeschleudert, und auf zehn Schritt Entfernung verschmolzen Erdboden und Horizont miteinander. Drei Stunden schon irrten wir, von der Suche nach dem Weg erschöpft, im endlosen Schneemeer ziellos umher. Bis an den Gürtel stapften wir im tiefen Schnee und hatten die Hoffnung schon zur Hälfte verloren. Der Frost verstärkte sich immer mehr und drang mit dem Wind überall ein. Ich begann ernstlich zu befürchten, meine Gefährten könnten erfrieren. Zu unserem größten Unglück verstanden unsere halb betrunkenen und

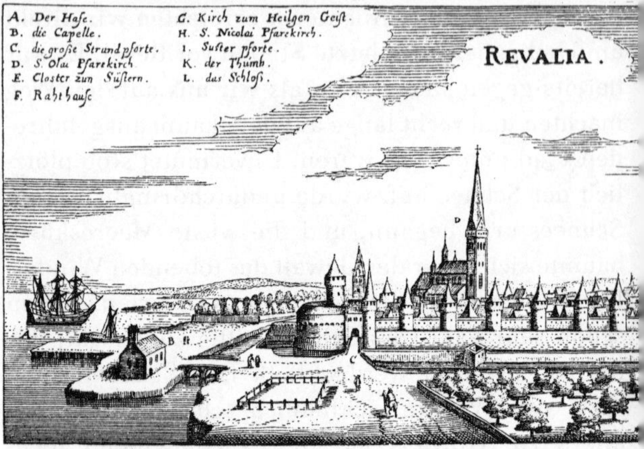
A. Der Haſe.
B. die Capelle.
C. die groſse Strundpforte.
D. S. Olai Pfarekirch
E. Closter zun Süſtern.
F. Rahthauſe
G. Kirch zum Heilgen Geiſt.
H. S. Nicolai Pfarekirch.
I. Suster pforte.
K. der Thumb.
L. das Schloſs.
REVALIA.

Merians Ansicht von Reval um 1630

einfältigen Begleiter kein Russisch und hörten daher nicht auf uns. Einzig die drohende Fuchtel überzeugte sie schließlich, in Richtung des Windes zu fahren. Nach einer weiteren halben Stunde wären wir um ein Haar von der Kuppe des Laaksberges gestürzt, ein Pferd hatte sich losgerissen. Wir sprangen aus dem Schlitten und sahen, daß sich ganz in der Nähe ein Feldweg hinabschlängelte. Frohen Mutes, wenngleich ein wenig durchnäßt, erreichten wir schließlich das Gelobte Land: Reval – Reval, liebe Freunde, woher ich nun diese flüchtigen Zeilen an Euch richte.

Vom Wirbelwind der Tänze eingefangen, bewahre ich bis zum Wiedersehen mit Euch alle Einzelheiten meiner Ankunft auf. Auch von dem Vergnügen, in jenem Menschen, bei dem wir in der Stadt Quartier nahmen, einen klugen und fröhlichen Kameraden gefunden zu haben, will ich nicht reden. Er ist ein junger Mann von ungefähr zwanzig Jahren, Adjutant des Admirals S., und er hat einen durch und durch ritterlichen Charakter. Ihr wißt ja selbst, daß Angehörige der Armee schnell Bekanntschaft schließen – und zwischen Menschen mit Aufrichtigkeit im Herzen ist Bekanntschaft Freundschaft. Schon nach wenigen Stunden – wir saßen bis weit nach Mitternacht zusammen – hatten wir das Gefühl, einander bereits hundert Jahre zu kennen.

Anderentags machte ich mich, nachdem ich mich bei allen Vorgesetzten gemeldet hatte, auf den Weg in die Vorstadt zum General L. W. S., zu eben jenem, der mich damals eingeladen hatte, Reval zu besuchen. Er war zufrieden, daß ich Wort gehalten hatte; ich war sehr erfreut, ihn zu sehen. Im Kreise seiner ehrenwerten Familie, meine Freunde, verbrachte ich fernab von Euch äußerst angenehme Stunden, scheinbar verborgen vor dem Goldenen Zeitalter. Für den Fall, Ihr beauftragtet mich, die Hausherrin zu porträtieren, beschriebe meine Hand seine Gattin folgendermaßen: In ihrer Person verbinden sich Schlichtheit mit Liebenswürdigkeit und zeitgemäßer Bildung, wacher Verstand mit einer selten anzutreffenden Herzensgüte. Mütterliche Zärtlichkeit umhegt die jungen Zweige, die ihre Hand aufzieht und ausbildet, wofür ihr allgemeine Verehrung und die Zuneigung der mustergültigen Kinder als höchste Auszeichnung zuteil werden.

Der General selbst ist ebenso rührig bei der Ausübung seines Dienstes wie liebenswürdig in der Gesellschaft. Dem Vaterlande mit Wort und Tat dienend, fühlt er sich einzig und allein der Wahrheit verpflichtet; in der Brust des Fünfzigjährigen brodeln die Gefühle einer ungestümen Jugendzeit. Die Türen dieses eifrigen Anwaltes der Menschlichkeit bleiben guten Menschen nicht verschlossen, dem Unglücklichen öffnen sich Geldbeutel und Herz.

In die Häuser des Oberkommandierenden, des Bürgergouverneurs, des Oberbefehlshabers der Flotte und in andere wurden wir gastfreundlich eingeladen, ihre Freundlichkeit verband uns eng mit ihnen. Mit einem Wort: Ginge es nach dem Gefühl, so würde ich, den pure Neugier aus der lärmenden Hauptstadt hierher gelockt hatte, noch lange Zeit hier verweilen wollen. Engen doch hier die Bande maßvoller Etikette die Jugend nicht ein und langweilen auch die Reiferen nicht. Die Gesellschaft wird von einem kleinen, jedoch durchaus exklusiven Kreis gebildet, der ungeachtet seiner unveränderlichen Zusammensetzung sehr verschiedenartige Komponenten miteinander vereint. So kennt man hier bereits jene, die man auch wirklich liebt, und liebt diejenigen aufrichtig, die man kennenlernte – gerade so, als gründe sich die Bekanntschaft nicht auf bloßen Anstand, sondern auf gegenseitige Achtung. Ich hatte bereits davon gehört und jetzt erlebe ich tatsächlich, daß man sich in den Provinzen viel besser und ausgelassener zu vergnügen versteht als in der Hauptstadt, wenngleich in Reval jetzt gar keine Ballzeit ist. Und dennoch vergeht nicht ein Tag, an dem wir nicht zu einem Essen oder aber zu einer Abendgesellschaft geladen werden. Man schlägt kaum die Augen auf, schon treffen mit dem Frühstückskaffee die ersten Einladungen ein. Hier erwarten uns in aller Freundschaft Austern und Hochheimer zum Frühstück, dorthin lockt ein ausgelassener Abend, und quasi im Vorüberfliegen fange ich ein paar freie Minuten für die Besichtigung der Raritäten dieser Stadt ein.

Dabei fühle ich mich, meine Freunde, inmitten der jungen Bewohnerinnen der hiesigen Welt, die dem Ideal meiner utopischen Vorstellungen doch sehr nahekommt, in die Antike zurückversetzt. Im Schoße dieser Familien hätte Jean-Jacques die Regeln der Erziehung abschreiben sollen, dann hätte nicht ein Meteor der Phantasie, sondern die Glut der Erfahrung Emile geleitet. Hierher ließe ich unsere modernen Mütter nur allzugern kommen, um ihnen ihre wirklichen Verpflichtungen als Mutter und Ehegattin vor Augen zu führen und um ihnen Möglichkeiten zu zeigen, wie man Dame von Welt sein kann, ohne diese Pflichten zu verraten. Denn die Erziehung der Kinder ist hier die allererste Obliegenheit der Eltern, wohlgeratene Kinder sind ihre größte Zier. Hier errötet keine Mutter, nachdem sie ihrer Pflicht Genüge getan, über ihre erwachsene Tochter wie jene, deren Blicke während der unwiederbringlichen Zeit der Erziehung über Spieltische huschten oder Verehrer empfingen. Die jungen Mädchen sprechen hier alle auch ohne Franzosen sehr gut französisch. Sogar wenn du in Gesprächen mit ihnen Themen berührst, die nicht zu den Bestandteilen der Damentoilette gehören, mußt du nicht befürchten, ihrer Unkenntnis wegen zu erröten, was ja (das soll, unter uns gesagt, kein Vorwurf sein) bei unseren Schönen daheim durchaus geschehen kann. Beispielsweise fragt hier niemand, ob man nach Amerika am Ufer entlangfahren könne oder wie viele Jahre der Siebenjährige Krieg gedauert habe. Sie werden ebensowenig bestätigen, daß Malek-Adhel der erste Held in der Geschichte war, nur weil Madame Cottin dies derart beschrieben hat.

Die hiesigen Bälle sind denen der Hauptstadt vollkommen unähnlich, von wo du so oft innerlich völlig ausgebrannt, mit Müdigkeit auf den Lidern und Staub auf den Kleidern, heimkehrst. Du begegnest hier nicht jener lärmenden Meute von Aufschneidern, die sich bei uns von Parkett zu Parkett langweilt und mit bedeutungsvoller Miene abgenutzte Belanglosigkeiten von sich gibt!

Zufrieden mit der eigenen Person
und gegen fremde Spitzen wohl gefeit,
ersticken sie der Langeweile Zeit
in Düften, Floskeln, Komplimenten schon.
Kokette Dämchen wirst du nicht entdecken,
die in viel ältrer Damen Roben stecken,
deren Staffage dürftig ist, fast ärmlich,
Girlandenimitat – wie leuchtet es erbärmlich!
Und in dem Glauben wieder neu befangen,
daß längst verblaßte Schönheit strahlt in neuem Glanz,
verhüllen sie mit feinem Netz aus Spitzen ganz
ihre antike Büste, die sie zwangen,
sie sollte mit Zephyr, gekauft, zu neuer Form gelangen.
Verlogener Gefühle nie gekannte Blicke,
zu sehen niemand für den Lobgesang;
der Hauptstadt Schmeichlerstimmen – seid nicht bang –
vergiften hier Gespräche nicht mit ihrer Tücke.
Es gibt hier weder Klatsch noch Hänselei,
von Philosophen-Nonsens ist man gänzlich frei!
Der Scherz ist jeder Bosheit völlig bar,
des Herzens Fröhlichkeit muß nicht in Lärm sich zeigen;

voll Liebreiz ist Verlegenheit sogar,
Bescheidenheit ist ihrer Anmut eigen.
Nicht Geist, nicht Kleider dieser jungen Damen
erstrahlen etwa in geborgtem Tand –
vielmehr schmückt ihre Unschuld sie charmant:
Schönheiten, die noch nicht zur Blüte kamen.

Und wahrhaftig – hier wirst du selten fliegender Federn, die ja unsere Damen so gelungen zum Emblem ihres Leichtsinns auserkoren haben, oder eines Paradiesvögelchens auf dem Haupte irgendeiner Medusa ansichtig. Kommt man hierher, so verlieren die Petersburger Moden ihre Exklusivität, nicht zuletzt weil hier deren Unzulänglichkeit durch Geschmack ersetzt wird. Zur Besänftigung unserer Schönen darf ich aber auf der Stelle hinzufügen, daß ich mich in Garderoben überhaupt nicht auskenne und mich daher, versteht sich, nicht an ihren sicher wundervollen Kleidern begeisterte. Zu meiner eigenen Rechtfertigung füge ich den bekannten Ausspruch von Gresset hinzu: »Vous savez: sur les goûts on ne dispute pas.«

Da ich die Gaben der reinen Natur in allen ihren Formen schätze, ziehe ich diese stets den ausgeklügelten Einfällen der Verschwendungssucht vor. Und wo wäre die Natur wohl verschwenderischer mit ihren Reichtümern umgegangen als hier? Betrachtet nur einmal die ebenmäßigen Züge dieser gutgewachsenen Blondine, welche Ausstrahlungskraft birgt das Antlitz dieser dunkelhaarigen Schönheit, welche Lebensfreude strahlt in diesen schwarzen Augen! Begeistert Euch an der Frische dieser Farben, an der Reinheit, die über allem liegt.

Doch um die hiesigen Frauen zu beschreiben, sage ich wie Ségur: »Man müßte die Feder in einen Regenbogen tauchen und mit Flaum von den Flügeln eines Schmetterlings bestäuben!« Doch zu dieser Jahreszeit gibt es, liebe Freunde, leider weder Regenbögen noch Motten. Man vermag kaum, die vielen wahrhaft schönen Frauen unter ihnen zu zählen, bei uns hat man dagegen Mühe, ihre wahrhaft klägliche Zahl zusammenzubekommen!

Die Ursachen hierfür zu erforschen, stelle ich tunlichst den Herren Physiologen anheim, doch dessenungeachtet bin ich der festen Überzeugung, daß sittliche Schönheit einen großen Einfluß auf die Schönheit des Körpers ausübt; die Lebensweise von Vätern und Kindern schlägt sich in Gesundheit und Frische nieder. Zum Beispiel gewöhnt man hier die Kinder weder an das Teetrinken noch an scharfe Gewürze aus Wurzelgemüsen, die für alle Zeit den Geschmack verderben. Hier macht der Schlaf nicht die Bekanntschaft der Sonne, das Mittagessen wartet nicht bis zum Abend, die Bälle dauern nicht bis weit nach Mitternacht. Dafür aber sind Gäste wie Gastgeber frohgelaunt und munter, dafür wetteifert ihre Gesichtsfarbe nur mit Rosenblüten, nicht aber mit Zitronen, dafür schließlich ist ihre Gesundheit ebenso ausgewogen wie ihr Lebenswandel. Selbstverständlich, es gibt unvernünftige Menschen, die dies als »Dahinvegetieren«, nicht aber als das Leben bezeichnen; sie verhöhnen

Kaufmannshäuser in Reval:
»Die drei Schwestern«

es, weil sie selbst unfähig sind, auf solche Art zu leben. Doch die wahre Ausgeglichenheit liegt tief in der Seele dieser friedfertigen Bewohner Livlands verborgen, kein Wind der Mode weht sie mit irgendwelchen Spitzfindigkeiten von hier fort.

In Reval wird viel russisch gesprochen, fast alle sprechen französisch – die Lieblingssprache aber ist Deutsch. Selbst in russischen Kreisen ist diese Neigung deutlich zu spüren. Einige meiner Landsleute beherrschen das Deutsche sogar fast besser als ihre Muttersprache; nebenbei gesagt, ist dies ja auch bei uns gar nicht selten der Fall. Anfänglich erschrak ich über solcherart Germanophilie, doch mit der Zeit fand ich zunehmend Vergnügen daran, daß die harten deutschen Sätze, nachdem sie wundervollen Lippen entschlüpft waren, weicher wurden und ihre Laute im Einklang mit einer harmonischen Stimme mein Gehör liebkosten.

Die Sauberkeit in den Häusern Revals ist beeindruckend. Nicht Prunksucht, sondern Geschmack beherrscht die Tische, Reinlichkeit die Küche. Könntet auch Ihr einen Blick dorthineinwerfen, so würdet Ihr eine adrette, rosige Köchin in weißer Schürze sehen, die in golden glänzendes Geschirr eine Suppe füllt und alle Speisen appetitlich anrichtet. Ihr würdet weiterhin feststellen, daß Schönheit hier allen Klassen gemein ist; sie erstrahlt gleichermaßen beim Schein der Kerzen in bester Gesellschaft wie über dem Feuer eines bescheidenen Herdes.

Doch meine Kerze verlischt; schon zeigt das Pfeifen der *Nachtwächter* zwei Stunden nach Mitternacht an. Bis zur nächsten freien Minute verabschiede ich mich, meine Freunde. Morpheus schlägt mit den Flügeln und verspricht, dem Herzen all seine Lieben vorzuführen.

Dritter Brief

Reval, 31. Dezember, morgens

Gestern weilte ich im hiesigen Theater. Es ist nicht groß, nicht sonderlich reich ausgestattet, dafür kann man aber in ihm gut sehen und hören – was schließlich auch seinen Wert hat. Sein Entrepreneur ist ein ehemaliger Schauspieler des Petersburger Ensembles, Gebhard mit Namen. Es wurde eine Tragödie gegeben: »Die Räuber auf dem Kulmer Berg«. Lediglich Gebhard spielte gut, zwei weitere Schauspieler ganz leidlich, alle anderen jedoch waren kaum zu ertragen. Ich saß neben S., einem neuen Bekannten meines lieben Spaßvogels und namhaftem Vertreter der deutschen Wortkunst. Er machte zu jeder Szene Bemerkungen und plauderte heiter-biographisch über alles und jedes. Bei unserem Intermedium wirkten sowohl Akteure als auch Zuschauer mit, ja sogar wir selbst.

»Wozu«, fragte ich, »ließ sich der Dekorateur einfallen, dort Winter darzustellen, wohin diese Schönen vom Ball aus lustwandeln, und das in solch leichter Garderobe? Zwar vollzieht sich die Handlung in den Bergen, doch wohl kaum auf einem Gipfel?«

»Ihr zugereisten Herren seid aber nun wirklich sehr verwöhnt!« gab er zur Antwort. »Unser Ausstatter ist ein sparsamer Mensch, er weiß sehr genau, daß Kreide billiger ist als grüne Farbe! Der Inhalt des Theaterstückes ist ihm dabei doch vollkommen gleichgültig. Außerdem sah ich auch auf euren Bühnen Merkwürdigkeiten, die sogar noch lächerlicher waren als diese hier. Beispielsweise befand sich im Drama ›Jermak‹ das Lager Kutschums – was glaubt Ihr, wo? Auf jenem Platz in Athen, der für ›Ödipus‹ bestimmt ist. Ich erblickte eure Dido in Spitzen gehüllt, einen Spanier sah ich in polnischen Kontuschen, bengalische Krieger in Ritterhandschuhen und russischen Helmen mit Federbusch. Ich konnte beobachten, wie ein Löwe sich auf der Bühne die Nase schneuzte, und noch eine Vielzahl derartiger Dinge.

Doch wenden wir uns dem Stück zu: Hast du beobachtet, wie systematisch die Herren Räuber die Vorübergehenden aufschlitzen? Das sind ja noch kleine Fische! Bei uns gibt es Tragödien, in denen im dritten Akt alle Schauspieler einander erschlagen, in den beiden noch verbleibenden Akten agieren dann die Schatten der Verblichenen. Es tragen sich sogar derart blutrünstige Szenen zu, daß das Parkett im Blute ertrinkt.«

»Oh, sollte solches in diesem Augenblick eintreten«, schlug ich ihm vor, »so könnten wir uns ja schwimmend auf den Kontrabaß retten, der die Hälfte der Bühne vor den Zuschauern verbirgt.«

»Sagt dir etwa das Spiel dieses hochaufgeschossenen Menschen zu, dessen Anzug in der unteren

Etage aus dem vergangenen Jahrhundert stammt, während die obere der Laune eines Schneiders von heute entsprungen ist?« fragte mich S.

»Wenn sich fortzubewegen bereits zu spielen bedeutet, so ist auch er ein Schauspieler!« lautete meine Antwort. »Er schlägt meisterhaft Köpfe ein und zieht an unseren Ohren. Weshalb er wohl unter dem Mäntelchen seine Hände verbirgt wie Katon Uschikski?«

»Aus demselben Grunde, aus dem er zum Ball in Fellstiefeln erschien. Betrachtet man es von den Regeln des guten Benehmens her, so erscheint es lächerlich. Im Theater ist es jedoch ziemlich kalt – und daher ist es wohlüberlegt! A propos des bottes, wie gefallen dir unsere Schauspielerinnen?«

»Ich kenne sie ja nicht näher, doch will es mir scheinen, als sei die eine von ihnen nicht sehr gut, die andere hingegen sehr ungut – und diese andere reißt den Mund ziemlich weit auf, spricht aber dabei recht leise.«

»Sie liebt es, sich die Geheimnisse selbst ins Ohr zu flüstern«, antwortete S.

»Ich glaube mich zu erinnern, irgendwo schon einmal die Physiognomie des Darstellers gesehen zu haben, der den Buffo spielt«, fuhr ich fort.

»Kein Wunder, daß sie dir bekannt vorkommt«, so mein Nachbar. »Du hast dich in sein großartiges Porträt auf den Canastakarten vergafft. – Doch höre nur, wie sehr das Publikum dem wahnsinnigen Ritter Beifall zollt, wenngleich der Schauspieler doch eher erheitert als anrührt. So gib doch schon zu, daß die Rollen der Narren und Geistesgestörten auf dem Theater wie auf der Bühne der großen Welt die dankbarsten sind! Schließlich sind ja alle felsenfest davon überzeugt, viel klüger als sie zu sein. Sei es, wie es sei, das Stück geht seinem Ende entgegen. Damit auch niemand sagen kann, unsere Meinung sei einseitig, laß uns zur anderen Seite der Sitze hinübergehen.«

Lachend wechselten wir die Plätze und bemerkten, ins Gespräch vertieft, gar nicht, wie, in eine Staubwolke gehüllt, der Vorhang fiel. Die arglosen hiesigen Kleinbürger trockneten mit Tüchern ihre Tränen, denn schließlich war das Stück auf den Plakaten als *Trauerspiel* angekündigt worden und nicht als Komödie. Wir machten uns auf den Weg in den Aktienklub und verliehen dort bei einer Flasche Wein der Revaler Melpomene den Kranz der Thalia.

Vierter Brief

Reval, 3. Januar 1821

Morgen geht die Post ab, meine Freunde, und dieser Brief wird ein Vorbote baldigen Wiedersehens mit Euch sein. Wohl möchte ich wieder bei Euch sein, doch gestehe ich ein, daß ich viel lieber noch länger hier in Reval bliebe. Wer vermag heutzutage schon des Menschen Herz zu enträtseln? Meines? Wer wichtet in ihm die Sehnsucht nach dem Neuen und die Bindung an das Vergangene – diese zentralen Kräfte unserer Leidenschaften? Begreifen kann ich mich nicht, doch fühle ich, daß ich Euch nicht weniger als ehedem liebe und die anderen nicht in geringerem Maße als Euch: Das elastische Band der Freundschaft verliert nicht seine Kraft, auch wenn es immer neue Dinge einschließt.

Das neue Jahr begrüßte ich sehr ausgelassen. Ihr wißt ja nur zu gut, daß geistige Fröhlichkeit in mir ebenso selten erwächst, wie eine Aloe blüht. Zugetragen hat sich dies auf dem Maskenball im Hause des Generals S. Wir hatten zwei Tage Zeit zum Kostümieren, und im Handumdrehn verwandelte sich unser Quartier in eine Rumpelkammer. Mein Bruder wählte das Kostüm eines Harlekins, ich das eines Beduinen.

Um acht Uhr, kaum daß wir eingetroffen waren, fand ich bereits die besten Revaler Kreise versammelt. Masken in den verschiedensten Farben huschten an uns vorüber, sie bildeten Grüppchen, flunkerten, wenn sie einander erkannt zu haben glaubten, und irrten sich doch oft genug. Bewohner aller Herren Länder, in altertümlichen oder neuen historischen Gewändern, waren zusammengekommen wie auf dem Platz der Versöhnung oder zum Kreuzzug. Hier flanierte ein Lappländer – ohne Schnee und Schneeschuhe – in Begleitung einer arkadischen Schäferin, dort drehte ein bedeutender Seraskier seine Runden mit einer finnischen Bäuerin, oder ein schillernder Tankred tanzte Walzer mit einer russischen Schönheit. Französischer Puder blieb am Barte eines Kavaliers aus Riga haften, Fischbein am Dolche eines Räubers aus Palmyra hängen, der Schal einer Vestalin am Rosenkranz eines Kapuziners. Plötzlich lenkte ein gewaltiger Kopf aus Zucker die Aufmerksamkeit der Menge auf sich. Neugier zerriß seine Hülle aus Papier, und Madame La Sucrée kam darunter zum Vorschein wie ein Schmetterling aus dem Kokon. Nur mit großer Mühe gelang es ihr, die säuerliche Miene hinter einem Fächer zu verbergen. Ein Fischer schleppte in einem seidenen Netz Konfektfischlein herbei, die jedoch nicht mit Delikatessen gefüllt waren, sondern mit durchaus delikaten Versen. Ein Jäger bot Wild feil, wir umringten ihn, er band seine Tasche auf, und was sollten wir in ihr finden? Schöpfungen des Sängers der Telemachide und dieses und jenes, und sogar ich entdeckte dort viele unserer Bekannten. Das dramatische Wild umarmte das poetische – alle lachten. Im übrigen gefiel mir die Maske von S., von dem ich Euch ja bereits berichtete. Er hatte sich als Postillion verkleidet und verteilte an all seine flüchtigen Bekanntschaften Briefe, die kleine Strophen enthielten. Hier sind jene, derer ich mich entsinnen kann, ich übersetze sie Euch, so gut ich es eben vermag:

Der Herrin des Hauses

Du guter Geist der Familie, bist als Mutter
Goldes wert!
Bist ein Glück für die Verwandten und von
allen Freunden hochverehrt!

Einer schönen Dame

Wie eines Engels Blick erstrahlen Deine Augen,
gleich einem Spiegel zeigen sie Vollkommenheit.
Und doch verheißen sie dem einem nur Glück-
seligkeit,
zahllosen andren sie zum Herzleid taugen!

Dem jungen Mädchen, das so hervorragend sang

Wie im Gesang von Deiner Stimme, silberhell,
entspringt in Deiner Brust der ausgeglichnen
Ruhe Quell.

Dem Ehemann, dessen Gattin zärtlich ist wie
ein Engel

Wer würde Dich nicht gern beneiden, man
bedenke:
Dem Sterblichen vom Schicksal eine Göttin zum
Geschenke!

Seiner Gattin
Die Blume erster Wonnen, welche Freude, unverändert blüht
in Deiner teuren Seele, Deinem heiteren Gemüt.

Schließlich wurden die Masken abgenommen. Bis dahin hatte mich niemand erkannt, der mich nicht ohnehin schon vorher gekannt hätte. Ließ man seine Blicke über die Menge schweifen, so konnte man annehmen, ein Zauberstab hätte mich ins Paradies der Mohammedaner gebracht.

Parny, wo ist dein Stil? Sterne, wo deine Feder? Wird man überhaupt je imstande sein, so lebendig wie sie all diese wundervollen Dinge zu beschreiben, die mich umgaben? Wenigstens kann man sich voller Bewunderung umschauen und schweigen – wie ich. Inmitten hiesiger Schönheiten, meine Freunde, hättet Ihr allen Grund zu der Frage, wie stark das Herz Eures Träumers klopfte, und nicht ohne Grund könnte ich antworten, daß es mindestens im sapphischen Versmaß, wenn nicht gar in Alexandrinern pochte. Und ich gebe Euch den guten Rat, meine Lieben, falls es Euch zufällig auch irgendwann einmal hierher verschlagen sollte, es einem Petersburger Sonderling gleichzutun und kühlen Kampfer auf der Brust zu tragen als Amulett gegen Cupidos Pfeile.

Ich war ausgelassen, weil ich all dies durch die regenbogenfarbene Brille der Jugend betrachtete. Jener Abend wird mit roter Tinte im Kalendarium meines Lebens verzeichnet bleiben. Freunde, so habt doch Mitleid mit meinem unruhigen Geist, der fortwährend Unannehmlichkeiten entgegengeht und mir inmitten all dieser Zerstreuungen zuraunt: Die Vergnügungen entschwinden wie eine Rakete, und nur der Nebel der Erinnerung senkt sich auf das Gemüt.

Ach! Wenn die ird'schen Freuden hier
den Zauber ganz und gar versteckt
und vor der Zeit vom Schicksal mir
der Zukunft Leiden noch verdeckt!
O Jugend! Du enteilst und nimmst mit dir
des Glücks Erinnerungen, einst geweckt!

Um drei Uhr am Neujahrsmorgen gingen wir, unseren Gastgebern Glück wünschend, nach Hause. Und noch im Traum erschien mir eine seltsame Maskerade, jedoch schon keine Maske mehr.

Reval, 4. Januar

In Eurem Brief beklagt Ihr Euch, Freunde, daß ich nicht über die Stadt schreibe. Seltsame Leute seid Ihr! Fragt man denn, ein Poem Puschkins lesend, nach dessen Einband? Wen kümmert, wenn er Rosenduft atmet, das Körnchen, aus dem die Rose entsprungen? Doch da Ihr solches wünscht und ich dem Gebot der Freundschaft ergeben Folge leisten will, trete ich aus meiner dunklen Straße *(Dunkel-Strasze)* heraus. Falls meine Ausdauer es mit Eurer Neugier aufzunehmen vermag, so werde ich nicht eine einzige Ecke, nicht eine Gasse, nicht ein Gesims auslassen!

Nicht eine Straße in Reval verläuft geradlinig. Sie

REVAL

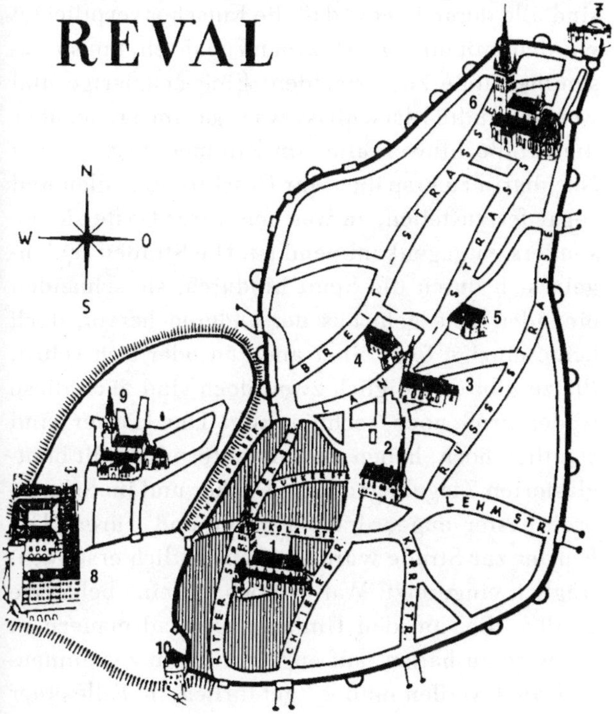

1 Nikolaikirche; 2 Rathaus; 3 Heilig-Geist-Kirche; 4 Haus der Großen Gilde; 5 Schwarzhäupterhaus; 6 Olaikirche; 7 Standpforte und »Dicke Margarete«; 8 Ordensschloß; 9 Domkirche; 10 »Kiek in de Kök«. Die älteste Bürgerstadt von 1230 ist senkrecht gestrichelt.

sind alle derartig eng, daß die Kutscher verpflichtet wurden, mit einem Glöckchen zu fahren, um so Zusammenstöße zu vermeiden. Eine neugierige und wortgewandte Klatschbase wäre gar imstande, über die Straße hinweg alles im Zimmer ihrer werten Nachbarin zu erspähen, ihr Geschirr zu zählen und sogar festzustellen, zu welchem ihrer Gäste sie besonders entgegenkommend ist. Die Straßen schlängeln sich durch die Stadt hindurch, sie schneiden einander, eine geht aus der anderen hervor, doch keine einzige folgt einer anderen oder sich selbst. Plätze gibt es lediglich zwei, doch sind auch diese weder groß noch rechtwinklig. Die Häuser sind ziemlich hoch, haben pyramidenförmige, mit buntglasierten Ziegeln gedeckte Dächer und im Schachbrettmuster angeordnete Fenster und Türen. Die Fenster zur Straße wurden offensichtlich erst nachträglich eingesetzt. War es doch für eine belagerte Stadt – die, um den Umfang der Stadtmauern in Grenzen zu halten, auf engstem Raum zusammengedrängt werden mußte – gefährlich, im Falle einer Erstürmung dem Zorn der Besatzer ausgeliefert zu sein, indem man ihnen den Zugang zu den Häusern ermöglichte. Kaufmännische Überlegungen setzten der militärischen Vorsicht ein Ende. Die Wohnräume liegen alle auf der Hofseite, die Speicher und Kontore jedoch an der Vorderfront der Häuser – so erschien die Lagerung der Waren bequemer.

Die Straßenlaternen hängen an Seilen über der Straßenmitte. Der grüne Anstrich, schmiedeeiserne Gitter und schwarz-weiße Streifen an fast allen Rahmen verleihen der Stadt ein seltsam düsteres

Aussehen. Häufig stößt man auf Tore mit Schießscharten. Es wird erzählt, sie seien in der Zeit der inneren Fehden der Bürger mit der Garnison auf der Burg der Oberstadt, die ständig von fremdem Militär besetzt gewesen sein soll, angebracht worden. Dies entspricht jedoch nicht der Wahrheit. Nicht innere Fehden, die es nicht gab, ließen eine derartige Maßnahme notwendig werden, sondern drohende Erstürmung. In Unkenntnis heutiger Redouten und Retranchements bereiteten sich die Belagerten in der damaligen Zeit darauf vor, im Herzen der Stadt dem Eindringling jeden Fußbreit streitig zu machen und jeden Schritt mit Blut zu erkaufen.

In den ersten Tagen nach meiner Ankunft in Reval, als ich auf den Straßen, über den Hauseingängen und auch in den Hausfluren Tannenzweige ausgebreitet sah, war ich erschrocken über die hohe Sterblichkeit der Bürger Revals. Ging ich doch davon aus, daß dieser Brauch hier, wie auch bei uns, ein Hinweis auf eine Beerdigung ist. Aber nichts dergleichen ist der Fall! Hier legt man Tannenzweige zur Verbesserung der Luft und zur Erhöhung der Sauberkeit aus.

Einige Befestigungsmauern befinden sich jetzt schon direkt in der Stadt. Sie alle wurden, wie auch die Gebäude, aus inzwischen verwitterten Kalksteinplatten errichtet, Moos schmiegt sich eng in ihre Fugen. Die gotischen Glockentürme, die dunkel schimmernden Häupter der Kirchen, die kleinen Türme auf vielen städtischen Gebäuden, die Bögen der Stadttore – all dies gefällt gerade durch seine Unregelmäßigkeit, wirkt gerade durch diese Eigenart seltsam anziehend.

Hier ein sehr freundliches Bauwerk, es heißt Schwedischer Markt. Dort das Revaler Rathaus, in dem einst die reichen Ratsherren der ersten Epoche dieser Stadt tagten. Sie saßen über die Bürger zu Gericht, besprachen Angelegenheiten der mächtigen Hanse, ließen die Waren aus Nowgorod verschiffen, und auf dem eisernen Handschuh schlug sich dies in klingender Münze, in deutschem und in russischem Silber, nieder. Doch Archangelsk stach Reval aus; Engländer wie Holländer sorgten dafür, daß sich die Waage des Glücks und des Handels Archangelsk zuneigte. Die Bedeutung der Stadt ist nicht geringer geworden, ihr Wohlstand jedoch ist geschwunden, heute mehr denn je. Das Rathaus steht dort wie ehedem, doch der Nordhandel fließt schon nicht mehr von hier aus nach Europa.

Im gesamten Revaler Gebiet sind kleine (nicht größer als ein Rubel) Marken aus Pergament in Umlauf, welche von diesem Rathaus ausgegeben werden. Einem Ratsherren, der sich damit brüstete, daß diese Hautfetzen der Duma großen Nutzen brächten, ohne viel zu kosten, hielt ein anderer scharf entgegen:

»Ich bin davon überzeugt, für euch lohnte es sogar, den Bürgern einfach das Fell über die Ohren zu ziehen – und das Geld wäre fertig!«

Was haben wir, ich und Ihr, meine Freunde, für einen Nutzen davon, daß Reval siebzehnhundert Häuser und annähernd zwölftausend Einwohner hat? Daß es in Reval ein Gymnasium gibt, verschiedene unbedeutende Fabriken, Geschäfte? Gibt es dort Altertümer, sind Reste früherer Befestigungen,

Das Rathaus in Reval, 1322 erstmals urkundlich erwähnt

Wehranlagen oder Kirchen erhalten geblieben? Erzählt dort die Umgebung dem Auge etwas, das dieses dann der Phantasie weiterträgt? Das ist es doch, was Ihr wirklich wissen wollt, und darüber werde ich nun auch berichten.

Den wohl besten Blick auf Reval hat man von der Süsternpforte aus. Zur Linken, auf der steilen Felswand, thront das gräflich Stenbocksche Stadthaus, die traurige Farbe des Felsgesteins bildet einen eindrucksvollen Kontrast zu dessen strahlendem Weiß. Schaut man weiter, so erblickt man die gewaltigen Mauern des Ordensschlosses der Oberstadt, die auf den hochaufragenden Felsen vor sich hin dämmern, darauf trutzige Türme, schon halb zerfallen, von wilden Pflanzen überwuchert. Sie recken ihre mit Zinnen bewehrten Häupter empor, gezeichnet von den Unwettern sechser Jahrhunderte. Von der Strandpforte her belebt sich das Bild durch das nahe Meer, dessen bleierne Wellen gegen die vereisten Ufer schlagen. Nur schwarze Krähen, nur gierige Möwen ziehen über dem Wasser ihre Kreise und lassen ihren durchdringenden Schrei im Echo der Ruinen am Ufer widerhallen. In der Ferne des blauen Meeres, unter einem Vorhang aus nebligem Dunst, hängen, Schneewolken gleich, die Inseln Nargen und Wulf. Im Hafen – Schiffe ohne Waffen. Bastionen und Türme ringsum, Katharinental und alle Vorstädte Revals haben sich in ein flauschiges Winterkleid gehüllt. Diese vollendete Harmonie des längst Vergangenen mit der Wirklichkeit läßt mich an Ossian denken. Tief in seine Überlegungen über das Getöse alter Zeiten versunken, fliegt an mir, der ich mich dem Lauf längst vergangener Jahrhunderte hingebe, unbemerkt die Gegenwart vorüber.

Gleichwohl, meine Freunde, Euer träger Philosoph hat nicht ausschließlich mit dem Blick der Phantasie die Mauern Revals vermessen. Während Träume das Herz begeisterten, suchte die Neugier nach historischen Wahrheiten, Überlieferungen aus dem Volke, ja sogar nach Fabeln; das Gedächtnis bewahrte sie auf, und der Verstand trennte Falsches und Erlogenes von jenem, was sich wahrhaftig zugetragen hat. Eurer Nachsicht stelle ich nun meinen Bericht anheim. Er wird nicht lang sein, denn nicht lange Jahre, sondern wichtige Ereignisse aus diesen Jahren legen Zeugnis ab über den Gang der Geschichte. Zudem soll hier nicht von Vorkommnissen aus ganz Livland, sondern lediglich von der Geschichte der Stadt Reval die Rede sein. Ich beginne.

Seite 60/61
Das Ordensschloß Reval:
Westwand mit Burgfried »Langer Hermann« und
Eckturm »Pilistiker«

Fünfter Brief

Reval, Dezember 1820

Der Dänenkönig Waldemar II., ein ebenso unerschrockener wie abergläubischer Herrscher, wurde von dem Wunsche geplagt, sich von den Sünden seines stürmischen Lebens mit dem Blute Ungläubiger reinzuwaschen, und gelobte, die Bewohner Estlands zum Christentum zu bekehren. Er überquerte mit einer Eliteabteilung seiner Krieger die Meere, verbündete sich mit Deutschen und Litauern, besiegte in einer grauenerregenden Schlacht die Küstenbewohner und unterwarf sie seiner Macht. In jenen Jahren des Feudalismus umgaben sich auch rechtmäßige Machthaber mit Gräben und Türmen. Wie sollten da räuberische Eroberer ohne steinerne Festen anderen Furcht und Schrecken einflößen und nicht selbst erzittern? Darüber waren sich auch die Dänen im klaren, und bald schon wuchsen unter ihren Händen die Befestigungsanlagen der Revaler Burg empor, von den Deutschen *»Dom«*, von den Russen jedoch »Oberstadt« genannt. Man schrieb das Jahr 1219 u. Z.

Gerade war es den Dänen gelungen, die Stadt zu befestigen, als auch schon eine starke Streitmacht vor ihren Toren aufzog: die Bewohner der Insel Ösel. Vierzehn Tage lang belagerten sie Reval, entfachten gewaltige Brände und drohten, alles niederzubrennen. Die Dänen wagten einen entschlossenen Vorstoß, schlugen sich lange und tapfer, brachten dem Feinde Niederlagen bei und fielen im Kampf. Das Blut floß in Strömen, die Tapferkeit forderte zu viele Tote. Ein Zufall entschied den Ausgang der Schlacht: Am Horizont tauchten die leuchtenden Segel von vier Handelsschiffen auf. Die Öseler mußten annehmen, Waldemar habe eine Streitmacht zur Rettung Revals entsandt. Sie suchten ihr Heil in der Flucht, sprangen Hals über Kopf in ihre Boote und kehrten nach Ösel zurück. Die Dänen ließen die Gebietsältesten von Jerwen und Allentacken aufhängen, da diese den Feinden mit Rat und Waffen geholfen hatten, die Esten aber belegten sie mit einer im Vergleich zu vorher dreifachen Kopfsteuer.

Die Russen – sie betrachteten Livland schon längst als ihr Territorium, schickten Fallensteller hierher, unterhielten an der Dwina einen Vorposten (Kukenois), forderten Abgaben von den Einwohnern, ja selbst von den deutschen Rittern, die sich dort angesiedelt hatten – zeigten sich höchst verwundert über die unerwartete Dänenherrschaft. Im Jahre 1223 erschien der Nowgoroder Fürst Jaroslaw mit einer großen Heerschar vor den Toren des jungen Reval. Vier Wochen lang belagerte er die Stadt, feuerte Pfeile und Steingeschosse auf sie ab, vermochte sie jedoch, wahrscheinlich aus Mangel an für die Zerstörung der festen Mauern tauglichen

Waffen, nicht einzunehmen. Er trat den Rückzug an, zwar ohne Erfolg, jedoch in Begleitung von Gefangenen und beladen mit Gold, das er in der Umgebung erbeutet hatte. Die Bewohner Estlands hatten sich während der Zeit der Belagerung mit ihnen verbündet und unterstützten die Russen aus ganzer Kraft, wenn auch vergeblich.

Im Jahre 1238 erbaten sich Kaufleute aus Lübeck und Bremen, von Gerüchten und der Hoffnung auf Gewinne nach Reval gelockt, bei Waldemar II. die Erlaubnis, unterhalb der Burgbefestigungen siedeln zu dürfen. Sie blieben dort, durch Gewinne reich geworden, für immer. Schon bald verschmolz die neue Stadt mit den Mauern der alten zu einer Einheit, und die günstige geographische Lage innerhalb der Handelswege zu ganz Nordeuropa ließ Reval zu einer der bedeutendsten Städte der Hanse werden.

Unterdessen wurde der Orden von einem Gaste Livlands zu seinem Regenten; selbst noch tributpflichtig, trieb er Abgaben von den Zinspflichtigen der Russen ein. Er verneigte sich vor den Großfürsten – und plünderte ihre Gebiete aus, fügte den Gewerbetreibenden am Peipussee und an der Narowa, unseren Kaufleuten in ihren Städten bitterstes Unrecht zu. Unzufrieden mit der Unterwerfung der Ungläubigen, annektierte er auch christliche Gebiete. Im Jahre 1223 nutzten Bischöfe und Ritter das Unglück ihres Verbündeten Waldemar, der vom Grafen Schwerin für die Verführung seiner Gattin in die Festung Danneberg geworfen worden war, schamlos zu ihren Gunsten aus und besetzten Reval.

Blick auf die Innenseite der mittelalterlichen
Stadtmauer im Westen der Altstadt von Reval

Bei der Vereinigung der Schwertbrüder mit dem Deutschen Orden (im Jahre 1237) jedoch forderte der Papst sie gerechterweise unverzüglich auf, Waldemar seine früheren Besitzungen zurückzugeben. Unfreiwillig und mit großem Bedauern gaben ihm die Ritter Wesenberg, Narwa und Reval – in nicht unbedeutendem Maße durch sie gestärkt – zurück. Und vom Donnergrollen des Vatikans aufgeheizt, richteten sie ihre Waffen gegen die Russen. Auch Jurjew (das heutige Dorpat) fiel im Jahre 1224 in die Hände der livländischen Kreuzritter. Der furchtlose Fürst Wjatschko, der sich hier gegen die zwanzigtausend Mann starke Armee Alberts zur Wehr setzen mußte, fiel, mit einer Handvoll Todgeweihter, wie Leonid. Aus der gesamten Abteilung konnte sich einzig ein Bojar aus Susdal retten, um Nowgorod und den Nachfahren von den Ruhmestaten zu berichten.

Die Russen zahlten es dem Orden mit Feuer und Schwert heim. Der Statthalter Simeon vernichtete den Heerführer Trunda, der litauische Fürst David, (auch Kastellan Gardenski genannt), verwüstete Estland im Jahre 1323 als Anführer der Pskower bis direkt vor Reval. Doch auch die Schwertbrüder vergalten Arges mit gleicher Münze, indem sie die Gegenden um Isborsk und Pskow in Brand setzten. Im Jahre 1343 erhoben die Esten, erzürnt über die Unterdrückung durch ihre neuen Machthaber, das Banner der Freiheit, ihr Eisen der Rache badete in deutschem Blut. Annähernd zweitausend Adlige und Ritter bezahlten ihre Grausamkeiten mit dem Leben. Die Burgen gingen in Flammen auf, Reval drohte die Belagerung, die Dänen mußten um die Unterstützung des Ordens nachsuchen. Ordensmeister Bernhard von Dreilöwen führte eine in Anzahl, Haß und Waffen starke Truppe gegen die Insurgenten. Die Esten entschlossen sich, mit dem Schwerte in der Hand zu sterben. Zehntausend fielen wie ein Mann, nicht weit von Reval entfernt. Die völlige Versklavung aller Bewohner Livlands war die Folge dieses edelmütigen Vorgehens, das Sparta und Helvetia zur Ehre gereicht hätte.

In jener Zeit gelangte ganz Estland unter die Herrschaft des Ordens – Reval aber gehörte noch immer den Dänen. Schließlich sah Waldemar III., von den Schweden bedrängt und von den Rittern ausgeplündert, ein, daß es unmöglich geworden war, mit Eisen ein Territorium zu halten, das seine Vorfahren mit Eisen erworben hatten – und er faßte den Entschluß, es gegen Gold einzutauschen. Nachdem sie im Jahre 1346 Estland und Reval zusammen für neunzehntausend Mark erworben hatten, siedelten sich die Deutschen im Umland der Stadt an, taten sich mit ihren Landsleuten, den Bewohnern der Stadt, zusammen, errichteten wehrhafte Burgen, stritten und vertrugen sich, trieben Handel mit den Russen. Häufig hatten die friedlichen Nachen der Ritter die Furcht vor Plünderung an Bord und trugen sie an die Ufer von Newa und Wolchow, doch oft verwandelten sich ihre Helme in Meßbecher, mit der Lanze wurden die mitgebrachten Stoffe vermessen: Raubzüge zu Wasser und zu Lande zwangen die Kaufleute dazu, selbst Rüstungen anzulegen. Abgabenfreier Handel und Uferrecht lockten

Adlige wie Ritter an. Gleichwohl sorgten verwegene russische Reiter dafür, daß die Schwerter der Kreuzritter keinen Rost ansetzten. Wie Schnee rieselten sie von Ladoga, Pskow und Nowgorod her auf die Felder Estlands hernieder, brandschatzten und legten alles, das den Anschein von Leben erweckte, in Schutt und Asche. Sie vernichteten Burgen, erstürmten die Städte, verschleppten mit räuberischem Vergnügen scharenweise Gefangene und verschwanden wieder wie ein mörderischer Blitz. Livland wird sich noch lange der »Vernichter-Schilde« der Fürsten Bulgak und Obolenski, Stscheni und Penko, Glinski, Mstislawski, Serebrjanny und Schig-Alej erinnern. Vergebens schloß man Friedensverträge – die alte Erbfeindschaft kam unter diesen Freundschaftsbekundungen immer wieder zum Vorschein. Das Feuer des Krieges flammte plötzlich auf und breitete sich aus, nicht in jedem Falle glücklich für Rußland, doch stets zuungunsten des Ordens. Die Deutschen sahen in den Russen gefährliche Feinde, und die Russen besaßen in Gestalt der Livländischen Republik einen völlig verängstigten Nachbarn, der, sogar die Aufklärung aus Rußland fürchtend, keine von den Fürsten und Zaren eingeladenen Künstler oder Gelehrten aus dem Ausland in sein Gebiet hineinließ.

Schließlich erholte sich Livland unter der Herrschaft des weisen Plettenberg. Sein Name schützte die Grenzen des Ritterreiches vor den Überfällen der Russen, die die Gefechte um Maholm (im Jahre 1501) noch längst nicht vergessen hatten. Jedoch wurde auch der Orden merklich schwächer, denn er tat sich nicht mehr durch Heldentaten, sondern durch Laster hervor. Albrecht von Brandenburg, Hochmeister des Deutschen Ordens in Preußen, der gezwungen war, sein Land im Jahre 1552 Sigismund I. zu überlassen, ließ Livland im Stich.

Die Einführung des lutherischen Glaubens, der durch Andreas Kneppen und Sylvester Tegelmeister nach Riga kam (im Jahre 1552), vertiefte diesen Graben noch. Die Bürger Revals folgten schon bald dem Beispiel der Rigaer – und der lutherische Geist erfaßte ganz Estland. Freilich beförderten dies weder Philosophie noch Aufklärung, sondern die Habgier der katholischen Bischöfe und die Gleichgültigkeit der höheren Klassen gegenüber dem Glauben. An das einfache Volk verschwendeten sie keinen Gedanken. Dieses hörte sich mit gleichbleibendem Desinteresse sowohl die lateinischen Messen als auch die deutschen Predigten an. Noch lange Zeit besaß nur knapp ein Drittel Estlands Kirchen, und wiederum nur ein Drittel dieser Kirchen verfügte über einen Pfarrer.

Der livländische Adel, der vorher lediglich eine privilegierte *(allodial)* Klasse unter den Untergebenen des Ordens darstellte *(sujet, fief et vassal)*, verdankte diesem politischen Umsturz seine Unabhängigkeit. Durch befristeten Kauf von Ländereien von Ordensmeistern und Bischöfen, oder indem sie Grund und Boden als Pfand von den Rittern in Zahlung nahmen bzw. vom Orden pachteten, erwarben sie nach und nach die Rechtsnachfolge als Besitzer. Großmeister Jungigen (im Jahre 1397) und einige Bischöfe, insbesondere Sylvester (im Jahre 1457), erweiterten die Rechte des Adels durch Verleihung des Erbfolgerechts bis ins fünfte Glied bei beiden Geschlechtern. Nach dem Niedergang der Bistümer vergrößerten sich Besitzungen wie Rechte des Adels stetig. Sie erschienen nach der Reformation in Gestalt des Ritterstandes *(Corpus equestrus)*, der bereits einen Bestandteil der Republik bildete. Schließlich sanktionierte Sigismund durch Gesetze all das, was der Adel durch glückliche Fügungen erworben hatte. In jener Epoche wurden aus den Vasallen leibeigene Sklaven ihrer Besitzer, die mit eiserner Hand ihre Willkürherrschaft, wie sie es nannten, *»zu Landten und zu Wasser«* erbarmungslos ausübten. Der Orden, das lutherische Glaubensbekenntnis zwar voller Eifer unter seinen Schutz stellend, wechselte gleichwohl die Religion nicht. Es hat den Anschein, als habe sich mit dem Vergessen katholischer Rituale ihre gesamte Verbundenheit mit dem neuen Glauben erschöpft. Nicht ein einziger Historiker erachtete es als genügend bedeutsam, zu vermerken, wann die Ritter sich dem Luthertum zuwandten.

Währenddessen herrschte bereits der Schreckliche Iwan, der Vernichter des Ordens, und sammelte die von den Fremden annektierten Gebiete. Das Nichtentrichten der fälligen Abgaben, den Deutschen unter der Bezeichnung *»Glaubens-Zins«* sehr wohl geläufig, diente als Vorwand für neue Kämpfe gegen die Ritter. Das Jahr 1558 wurde zum Boten ihrer Niederlage, als zwanzig livländische Städte vor den russischen Feldherren in Schutt und Asche versanken und ihr siegreiches Schwert mehr als fünfmal in der Umgebung von Dorpat, Riga und Reval aufblitzte. Direkt vor den Mauern der letztgenannten Stadt zermalmten Michail Repnin und Dmitri Kurljatew die Schwadronen der Kreuzritter. Und im Jahre 1560 steckten die Fürsten Kurbski und Adaschew die Burg Feg-Feuer, die dem Bischof von Reval gehörte, in Brand. Der junge Kettler, der letzte Hochmeister des altersschwachen Ordens, vermochte trotz seiner Tollkühnheit nicht, ihm neue Kräfte einzuhauchen. Nachdem er seine Ohnmacht bei Lais und im Kampf um Ermes (1560) gespürt hatte und die Russen als Herrscher von Dorpat, Fellin und Wesenberg sah, brachte er nicht genügend seelische Festigkeit auf, um es seinem Vorgänger Fürstenberg gleichzutun, welcher in Ketten unabhängig in den Tod gegangen war. Er ersuchte um Unterstützung bei Sigismund und tauschte schmählich den Umhang des Ordensmeisters gegen den Herzogsstab über Kurland und Semgallen ein, nachdem er zuvor den Polen Riga überlassen hatte. Der Stolz der Ritter erwachte bei ihrer Erniedrigung, als sie unter Tränen die Ehrenzeichen ihres Heiligen Ordens niederlegten. Der Orden selbst, der ehedem solch große Berühmtheit erlangt hatte, verschwand auf Nimmerwiedersehen wie eine grauenerregende Vision des Schreckens.

Dies ereignete sich zwei Jahre nach dem Ende der Macht der Ritter in Reval. Die Stadt, vom Ordensmeister vergessen und zurückgelassen, bat ihn nicht nur einmal um Hilfe bei der Abwehr der Russen, erhielt jedoch keine oder konnte keine erhalten. Das Beispiel Anton Tills, des Dorpater

Bürgermeisters, des Minin unter den Kreuzrittern, rief in den von Habsucht hart gewordenen Herzen seiner Brüder keinerlei Wunsch zur Nachahmung hervor. Im Jahre 1561 setzten die Revaler den Orden ein allerletztes Mal von ihrer Gefährdung in Kenntnis – und ergaben sich den Schweden unter König Erik XIV.

Das von den Schweden verteidigte Reval leistete im Jahre 1571 den vereinten Truppen Iwans des Schrecklichen und Magnus', des Minutenzaren eines nie dagewesenen livländischen Zarenreiches, erbitterten Widerstand. Die Russen schütteten Dämme auf, rollten hölzerne Türme heran, bedrohten die Stadt mit ihren gewaltigen Kanonen. Doch der Kampfesmut der Belagerten sank nicht gemeinsam mit den Mauern der Stadt – das Meer kam ihnen zu Hilfe und bot ihnen Zuflucht. Reval hielt stand. Bald schon gingen herbstliche Regengüsse hernieder, Winter stürmte über die Köpfe hinweg, Frost herrschte. Die ungeduldigen Krieger jener Jahre aber kämpften nicht gern gegen Schnee und Stürme und wollten ihre Säbel nicht an Steinen erproben. Das Heer murrte. Die harten Kugeln und verlogenen Versprechungen der Verräter Kruse und Taube – Vertraute Magnus' – blieben erfolglos. Iwan verlor die Hoffnung, der Tod erschien den freien Bürgern der Stadt verlockender als eine Unterwerfung unter den schrecklichen Zaren. Der Bojar Jakowlew, die Fürsten Kropotkin und Lykow waren außerstande, die Stadt einzunehmen, sie wüteten lediglich in der Umgebung, zerstörten das Kloster der heiligen Brigitta und mußten schließlich die

Das Kloster der heiligen Brigitta

Belagerung aufheben. Magnus zog schmählich gen Oberpahlen, die Russen in den Süden Livlands – zwar nicht ohne ansehnliche Kriegsbeute, wohl aber ohne Ruhm.

Schon bald braute sich neues Unwetter über Reval zusammen. Im stürmischen Winter des Jahres 1557 schloß ein fünfhunderttausend Mann starkes Heer Iwans des Schrecklichen die Stadt ein. Ende Januar eröffneten die Batterien der Belagerer das Feuer, und die Häuser Revals sanken in Schutt und Asche, Befestigungen wurden zerstört. Die Statthalter (die Fürsten Mstislawski, Rostowski und Scheremetjew) nahmen für sich das Ältestenrecht in Anspruch. Durch Kälte und feindliche Übergriffe verloren sie vollkommen sinnlos Menschen in Schützengräben und im Feld, konnten jedoch nicht den Mut zu irgendeiner Entscheidung aufbringen. Scheremetjew (Iwan) gelobte, die Stadt einzunehmen oder zu sterben – er ließ sein Leben, ohne sie eingenommen zu haben. Unterdessen gerieten die Revaler in äußerste Bedrängnis. Sie erwarteten Hilfe vom Meer aus und sahen doch nur die Truppen der feindlichen Verbündeten; die Schneestürme, die ihnen die Hoffnung nahmen, machten schließlich auch die Russen mutlos. Horn (der Stadtkommandant) brachte in Erfahrung, daß die Heerführer Iwans des Schrecklichen einander haßten und die Truppen ihnen kein Vertrauen entgegenbrachten. Daraufhin wies er das Kapitulationsangebot zurück. Die Russen zogen ab.

Glück schafft Freunde, Unglück mehrt die Feinde. Schenkenberg, ein Revaler Handwerkersohn, der »Hannibal« genannt wurde, setzte sich an die

Spitze eines Bauernheeres und verfolgte die nach der sechswöchigen Belagerung erschöpften Russen. Er nahm sogar Städte ein, besetzte unsere Festungen, quälte und peinigte Gefangene. Sein Leben endete an einem Pskower Galgen, doch in jenen Zeiten kamen selbst Helden und Retter des Vaterlandes auf dem Richtplatz um.

Im Jahre 1590 verlor der Schwedenkönig Johann III. im Kampf gegen Zar Fjodor allein in Reval sechstausend Mann durch Kälte und Seuchen. Nach dem Tode Báthorys wurde Sigismund III. überraschend zum Thronfolger auserkoren und übernahm das Zepter Polens mit dem Versprechen, das Imperium durch Estland und Reval zu vergrößern. Karl, Herzog von Südermanland und Regent des Königtums, entriß ihm die Krone, die er zertrümmern wollte. Er hüllte sich selbst in den Purpur Schwedens unter dem Namen Karl IX. Im Jahre 1600 setzte er in Reval gegen Sigismund neuntausend Krieger ein und eroberte ganz Livland; jedoch 1605, unterhalb der Anhöhen vor Kirchholm durch Chodkiewicz geschlagen, floh er über Reval nach Stockholm. In jener Schlacht verdankte Karl sein Leben dem livländischen Adligen Heinrich Wrede, der von den Polen niedergesäbelt wurde, nachdem er Karl sein Pferd überlassen hatte.

Anderthalb Jahrhunderte beherrschten die Schweden diese alten Erblande Rußlands. Mit Hilfe Estlands drangen sie in das Herz unseres Vaterlandes ein, stießen bis hinter Nowgorod vor und ernteten mit ihren Schwertern, was das polnische Feuer auszumerzen vergessen hatte.

Doch die Zeiten sind wechselhaft! Die Russen, vom Veränderungsgedanken Peters inspiriert, lernten aus den Attacken der Schweden, und schon bald zerstampften sie die vormaligen Eroberer in Finnlands Schluchten. Narwa fiel, Riga warf sich dem gigantischen Zaren zu Füßen – und die russische Macht umschloß Reval gleich einem Meere. Doch Reval stand unerschütterlich. Seinerzeit war der standhafte Patkul Stadtkommandant, ein Bruder jenes durch sein Unglück Bekannten. Vergebens nahten vom Meer und vom Festland her russische Verbände, umsonst war die Drohung der Batterien, die Stadt zu zerstören – Reval schaute gelassen auf das stetig lauter werdende Donnergrollen vor seinen Bastionen. Es bereitete sich auf eine verzweifelte Verteidigung vor, für die Koschkarow in Lais und Uexküll von Padenorm in Neuhausen ruhmreiche Vorbilder waren. Unglücklicherweise trat in der Stadt durch die gewaltige Zahl von Menschen aus dem Umland, die hier Zuflucht gesucht hatten, Milzbrand auf. Wassermangel machte die Katastrophe vollkommen. Die Russen leiteten das Wasser ab, indem sie die alte steinerne Leitung zerstörten, die aus dem sogenannten »Papiersee« (der eigentlich *Oberst-See* heißt) die gesamte Stadt mit Wasser versorgte. Unter der Bevölkerung und in der Garnison machte sich Unruhe breit, Patkul erkannte dies, litt selbst – und ergab sich nicht. Doch die Widerstandskräfte der Bürger versiegten, der Durst des Körpers war stärker als der Durst nach Ruhm, und alle Bürgermeister und Ratsherren, die Revaler Stadtältesten, entsandten ungeachtet des Komman-

Börsengang mit Turm der Heilig-Geist-Kirche

danten eine Abordnung zum Sieger. Sie übergaben ihm die Schlüssel zur Stadt im Tausch gegen die »Schlüssel« für das Wasser. Die Kapitulation wurde am 29. September 1710 von Peter dem Großen angenommen – und Oberstleutnant Sotow trat an die Stelle des furchtlosen Patkul. Seit jenen Tagen erfreut sich Estland unerschütterlicher Ruhe, und die Stadt Reval sah seither auf den umliegenden Feldern keinerlei feindlichen Rauch.

Lediglich im Jahre 1790 tauchte eine schwedische Flotte, bestehend aus dreiundzwanzig Schiffen und acht Fregatten, vor den Geschützen der äußeren Revaler Batterien mit der Absicht auf, die Stadt einzunehmen; Admiral Tschitschagow bereitete ihr jedoch mit zehn Schiffen einen respektablen Empfang. Er kämpfte drei Stunden lang und schlug den Angriff des Vortrupps erfolgreich zurück. Völlig unvermutet kehrten die Schweden um – aus Furcht, der sich drehende Wind könne ihnen den Rückzug unmöglich machen. Auf eineinhalbtausend Tote und zwei Schiffe, das eine ausgebrannt und das andere gekapert, belief sich der Schaden für die Schweden. Sie waren vom Erfolg ihres Unternehmens derart fest überzeugt gewesen, daß sie bereits Einladungskarten für ein Abendessen, das sie in Katharinental geben wollten, vorbereitet hatten.

Auf die Frage nach den Sitten und Lebensgewohnheiten der Bewohner Revals bleibt die Chronik Livlands die Antwort schuldig. Im übrigen vermag uns die Beschreibung des häuslichen Lebens der Bewohner Wendens (der Hauptstadt der Ordensmeister), Dorpats und Rigas durchaus wahrheitsgetreu ihre Gepflogenheiten aufzuzeigen. Anfänglich waren Demut und Armut die Losung der livländischen Kreuzritter, jedoch überließen sie diese in der Folgezeit immer mehr ihren Vasallen. Sie tauschten Leinen und Wildlederwams der Ritterkleider zuerst gegen Kamelot, später dann gegen Tuche, schließlich gegen Samt. Sie schmückten ihre Frauen mit Perlen und wertvollen Edelsteinen, sich selbst rüsteten sie sehr viel lieber mit goldenen Ketten aus als mit einer stählernen Rüstung. Der Prunk war an Maßlosigkeit nicht mehr zu überbieten. Der Vogt von Weißenstein, von Tüllen, trug um den Hals ein einundzwanzig Pfund schweres Kettchen von purem Gold. Der Revaler Komtur fuhr niemals anders als in Begleitung dreier berittener, reich geschmückter Hornisten, welche seinen Prozessionszug ankündigten, durch die Stadt; und der Kopfputz der Jungfer Tiesenhausen, der Braut irgendeines Ringener Gutsbesitzers, soll einen Wert von einhunderttausend Reichstalern gehabt haben.

Alles in allem war Livland wohl hinsichtlich seines Handels und seines Militärs, nicht jedoch für sein Bildungswesen berühmt. Der Glanz des Goldbrokats und funkelnder Überfluß erleuchteten ja noch lange nicht den Verstand der Ritter, Adligen und Geistlichen, sie versanken in ungehobelter Ignoranz. Ihr Geld vergeudeten sie für Pferde, Falken und Hunde, sie nahmen letztere sogar in die Kirche mit. Nachdem die Ritter Schwert und Kreuz an den Nagel gehängt hatten, betätigten sie sich auf dem Felde des Lasters und forschten vergebens in den Weinen aus Übersee nach der Verwegenheit ihrer Ahnen. Mit Gewalttaten gingen sie in den Tag, Trinkgelage waren die Begleiter ihrer Nächte. Schach, Würfelspiele, Dame und eine Form des Billard, *»Pilken-Tafel«* genannt, bildeten ihren Zeitvertreib, wundersame Tänze und Gaukler ihre Belustigung. Jedwede Taufe, jede Eheschließung bot aufs neue einen willkommenen Anlaß für ausschweifende Feste, und von überallher strömten dann Adel und Ritterschaft herbei. Weit vor der Stadt begegnete man einer Braut, die sich kaum noch vorwärts bewegen konnte unter der Last der verschiedenartigen schweren Schmuckstücke, hinter reichverzierten Rossen schaukelten ihre Geleitkarossen hin und her. Tische und Tafeln bogen sich unter dem Silbergeschirr in Erwartung der Gäste, die sich für den Wettbewerb im Essen und Trinken bestens vorbereitet hatten. Kelch überlieferte uns die Beschreibung eines Fastenmahles für den Bischof von Reval aus Anlaß des dortigen Turniers – es bestand aus fünfzig verschiedenartigen Gerichten. Zu diesem Zeitpunkt hatten die Ordensbrüder schon längst ihre Ahnen aus dem Gedächtnis verloren, welche ja einst die Bischöfe lediglich mit Kartoffeln bewirtet haben sollen.

Nach dem Lebenswandel der Adligen und der Ritter läßt sich das Ausmaß des Verfalls ihrer Sitten beurteilen. Da Verbrechen nicht geahndet wurden, triumphierte die Untugend. Die heiligen Bande waren zerrissen, Wunschträume wurden zum Gesetz erhoben. Die Ritter verließen ihre Ehegattinnen und nahmen sich diverse Geliebte, Ehre und Glauben vergessend – und wo diese nicht geachtet werden, dort sind auch alle Leidenschaften zügellos. Im 15. Jahrhundert ertränkte irgendein Tiesenhausen in einem Sack seine eigene Schwester, weil diese eine Ehe mit seinem Sekretär eingehen wollte!

Kleinbürger, Kaufleute und alle Bürger Revals standen den gehobenen Klassen in nichts nach, ja, sie überflügelten ihre Lehrmeister fast noch! Die Mittel für das ausschweifende Leben stellte ihnen die Hanse zur Verfügung, und das zweifelhafte Vorbild des Adels stachelte sie an. Nicht enden wollende Festlichkeiten beherrschten das Bild der Städte und Burgen, nicht versiegende Tränen das der Dörfer.

»Estland war zu jener Zeit das Paradies auf Erden!« lautet ein begeisterter Ausruf von Ludenius. Kunststück – schließlich war er ja auch kein Vasall. Die gewaltige Bürde der Abgabenlast, der Fronarbeit und der Kriege lastete schwer auf der armen Bevölkerung Estlands, die von ihren Besitzern je nach Laune gequält wurde.

Die erste Volksschule wurde noch im Jahre 1319 vom Dänenkönig Erik VIII. in der Oberstadt eingerichtet, was jedoch die Mehrzahl der Einwohner Revals nicht daran hinderte, Analphabeten zu bleiben. Jene Sprache, die von den Adligen gesprochen wurde, bezeichnete man als *»Plat-deutsch«*. Alle Diplomatendokumente wurden bis ins 16. Jahrhundert hinein in lateinischer Sprache abgefaßt, seit dem Jahre 1511 jedoch in deutscher Sprache, im Dialekt Russows. Reval hat keinen einzigen Dichter hervorgebracht, und selbst in ganz Livland gab es, mit Ausnahme der Chronisten, bis zum 18. Jahrhundert überhaupt keine Schriftsteller. Im Gebiet von Reval wird das korrekteste und reinste Estnisch gesprochen.

Reval war Sitz einer Komturei, ein Komtur und ein Bischof lebten ständig in der Stadt; letzterer hatte noch die Burgen Feg-Feuer und Borchholm in seinem Besitz.

Die Stadt Reval besaß schon seit langer Zeit Münzrecht. Dieses Privileg war ihr im Jahre 1266 von der dänischen Königin Margarete mit der Auflage verliehen worden, Münzen mit Ösen zu prägen.

Zum Abschluß möchten wir anmerken, daß die Revaler trotz des Wechsels von einer sie beherrschenden Macht zur anderen nie aufhörten, unabhängig zu sein. Sie bewahrten eine besondere Aufrichtigkeit im politischen Umgang, die Ausübung lübischen Rechts, und stets bekräftigten sie mit ihrem Einverständnis jene Verträge, die die Hand des Siegers oder die Unumgänglichkeit diktierten.

Dies ist auch schon die gesamte ehrwürdige Chronik der estnischen Hauptstadt! Ihr gebührt ganz ohne Zweifel ein würdiger Platz in den Chroniken unseres Vaterlandes, denn sie übte einen sehr starken Einfluß auf das Schicksal seiner nördlichen Gebiete aus. Zudem verleiht ihr unsere derart enge Nachbarschaft zu den Rittern des Kreuzes und des Schwertes, den »Edelleuten Gottes«, wie die Russen sie nannten, einen irgendwie romantischen Charakter. Ich gebe zu – etwas spärlich für den Verstand, dafür um so prachtvoller geeignet für die Phantasie. Diese Türme, von den Jahrhunderten gehütet, diese Schießscharten, vom Moos aus alter Zeit bedeckt, diese Ruinen der Ritterburgen in der Nähe Revals und weiter entfernt verstreut – ganz wie von selbst versinkt man in tiefes Nachdenken. Längst verflossene Jahrhunderte tauchen in den Nebeln der Erinnerung auf, und in der Seele verbinden sich mit ihnen bedrückende Vorahnungen.

Im Augenblick hindern mich noch ununterbrochene Schneestürme und hohe Schneemassen daran, die Ruinen in der Umgebung zu besichtigen. Die bedeutenden befinden sich in mindestens fünfzig Werst Entfernung. Andere mußten neuen Sommerhäuschen weichen. Der Not gehorchend, bezwinge ich meine brennende Neugier bis zum kommenden Sommer, aber dann, für den Fall, daß meine Rückkehr nach Reval möglich sein wird, meine Freunde, werde ich Euch die Überreste der stolzen Burg Wesenberg, des Padis-Klosters, Borchholms, Feg-Feuers und anderer zeigen. An der Bezeichnung der letztgenannten Burg *(Veg-Feuer)* als Fegefeuer könnt Ihr schon erraten, daß sie jenen Bischöfen gehört hat, die, in sich militärische und geistliche Macht vereinend, über sittenlose Geister herrschten, um irdischer Vorteile willen den Himmel zusperrten und mit Gold die Verstrickungen des verbrecherischen Gewissens entwirrten. Doch schon bald geriet ihre Macht ins Wanken, geschwächt durch das schlechte Beispiel ihres Lebenswandels, Auseinandersetzungen um die Vormachtstellung, um Kleidung, Angelegenheiten des Uferrechtes und die Eroberung fremder Ländereien. All dies verursachte häufige Streitigkeiten zwischen Bischöfen und Rittern, und es kam durchaus vor, daß erzürnte Brüder des Ordens deren Burgen besetzten. Vom Hagel der Steine und von Verwünschungen überschüttet, erkletterten sie die Kronen der Mauern, und dann fiel alles ihren vernichtenden Waffen zum Opfer, versank alles im Feuer der Rache. Nicht selten war den Unternehmungen der Ritter kein Erfolg beschieden; und durchaus nicht selten geschah es auch, daß sie, auf ihre Burgen zurückkehrend, diese von den bischöflichen Truppen in Schutt und Asche gelegt vorfanden.

Vier Werst von Reval entfernt, an der Straße nach Narwa, ragen die Ruinen des Klosters der heiligen Brigitta empor, das von Erik V. errichtet worden war. Ein Turm und mehrere Mauern blieben von der Zerstörung verschont. Irgendwie drohen die halbverfallenen Gewölbe dem neugierigen Reisenden; Verwesung läßt auf ihnen krauses Moos wachsen. Man erzählt sich, daß ein unterirdischer Gang von diesem Männerkloster zu einem Frauenkloster in der Mitte der Unterstadt geführt haben soll. Ich will mich für diese Überlieferung nicht verbürgen, doch halte ich es durchaus für glaubhaft, daß derartige unterirdische Gänge existierten, wenngleich ihre Ausgänge bis zum heutigen Tage nicht entdeckt wurden. Späterer Aberglaube läßt alte Legenden in der Phantasie Gestalt annehmen. Man meint, dort herumirrende Erscheinungen zu erkennen, und hastet vorüber, von der eigenen Furcht getrieben.

Die Heerscharen Iwans des Schrecklichen zerstörten dieses Kloster bei der Belagerung Revals. Seit jener Zeit ruhen seine zusammengestürzten Mauern mit ihren überwucherten Rissen im Angedenken an den Katholizismus und die Besuche der Russen, seither (wie einer unserer jungen Poeten sagt:)

vermochte nie der Zeiten Hand sie zu berühren,
Erschöpfung von Jahrhunderten auf ihnen ist zu spüren!

An der Straße nach Pernau, nicht weit von der Stadt entfernt, befinden sich ein gewaltiges hölzernes Kreuz und zwei kleinere aus Stein, die zum Gedenken an einige Schwarzhäupter errichtet wurden, die an dieser Stelle im Jahre 1545 bei einem Gemetzel mit russischen Reitern den Tod fanden. Die Deutschen behaupten, sie seien Sieger geblieben, und ich glaube es ihnen. Gleichwohl läßt sich erkennen, daß dies für sie eine große Seltenheit gewesen sein muß, denn auch im Saal des Schwarzhäupterhauses hängt ein Gemälde, auf dem in verschiedenen Ansichten eben diese vernichtende Angelegenheit dargestellt ist.

Wenden wir uns jetzt Reval selbst zu. »Aber was hat denn das Wort ›Reval‹ überhaupt für eine Bedeutung?«, so höre ich Euch fragen. »Woher stammt es denn? Weshalb und wann verwandelte es sich in den Namen einer Stadt?« Ich bekenne freimütig, meine lieben Freunde, daß selbst die allerältesten Einwohner diese Frage kaum mit Sicherheit beantworten können. Es ist richtig, daß viele Antiquaria behaupten, der Name *Reval* sei von der Kurzform des Wortes *Regen-val*, also Fall des Regens, abgeleitet worden. Doch auch wenn dieses Phänomen dort wirklich nicht gerade selten auftritt, so ist es ziemlich schwer vorstellbar, daß Regen der Wahlspruch der Erbauer dieser Stadt gewesen sein soll. Lediglich unter dem etymologischen Hämmerchen der Herren Wurzelforscher konnte es in einer solchen Weise zum Leben erweckt werden.

Eine andere Überlieferung, zwar allgemeiner, aber wohl kaum wahrheitsgetreuer, besagt, daß Waldemar II. während der Jagd einem Reh nachsetzte und es mit einem Pfeil durchbohrte. Es soll von jenem Felsen herabgestürzt sein, auf dem heute das Ordensschloß steht. Und der König gab der künftigen Stadt zum Gedenken an diese Begebenheit den Namen Reval vom Wort *Ree val*, was der Fall des Rehes bedeuten soll. Doch scheint am ehesten glaubhaft zu sein, daß Revals Name von den unzähligen Riffen aus unter Wasser befindlichen Steinen herrührt, die die Reede in allen Richtungen umgeben. Jene Felsenriffe heißen in englischer Sprache *Reaf*, im Deutschen und im Dänischen *Rief*, woraufhin man auch bei uns zur ursprünglichen Bezeichnung der Riffe überging.

Was nun den russischen Namen Revals, »Kolywana«, betrifft, so ist seine Herkunft unbekannt. Der Baron Schafirow, Okolnitschi Peters des Großen mit durchaus scharfsinniger Politik, schuf angeblich den Namen von »Kola Iwana« (d. h. Mauer Iwans). Doch mir scheint es unnötig, Gründe hierfür der-

Haus der Großen Gilde in Reval,
um 1410 vollendet

artig weit oben zu vermuten. Diese Meinung vertritt übrigens auch Professor Rickers, mit dem ich über alles Reval Betreffende gesprochen habe.

»Als die Russen«, so sagte er, »den ersten Bewohnern Revals gegenüberstanden und die Sprache des Landes nicht beherrschten, gaben sie ihnen zum Scherz einen für ihre Ohren seltsam klingenden Namen. *Kule wana*, was soviel bedeutet wie ›Höre zu, Alter! Höre, Bruder!‹, ist die wohl gebräuchlichste Redewendung in der estnischen Sprache – ist es denn da wirklich noch verwunderlich, daß sie, die Esten als ›Kulewanis‹ bezeichnend, auch auf die Stadt selbst den Namen ihrer Bewohner übertrugen?«

In der Tat, das einfache Volk in Rußland nennt noch heute die Esten Kulen und Kulizen, vom Wort *Kule* abgeleitet; auf ebensolche Weise bezeichnen sie die Engländer als Asejs nach der Wendung »I say«. Doch wollen wir eine derartige Suche nun lieber dem Staub der Archive überlassen, um nicht noch selber der Langeweile zum Opfer zu fallen.

Wenden wir uns den Altertümern der Stadt zu. Der Blick der Erinnerung führt mich zu den Mauern der Burg der Oberstadt. Der Winter, Türme und Bollwerke in flauschigen Schnee einhüllend, scheint sagen zu wollen: Der Sommer ihres Lebens liegt bereits seit langem hinter ihnen. Irgendwo hier, es ist mehr als sechs Jahrhunderte her, schmückten sich die furchtlosen Dänen mit Trophäen, rühmten sie sich ihrer Heldentaten in Siegesgesängen. Über das blaue Meer wanderten ihre

Blicke gen Vaterland, wo sie das Herz der Liebsten und den stillen heimatlichen Herd wußten. Hier ertönte der Ruf der Hörner der Ritterschwadronen, die vom Schlachtfeld zurückkehrten, von einer Reise oder dem fernen Germanenfeldzug. Die Zugbrücke, mit den schweren Ketten klirrend, legte sich den ungeduldigen Reitern zu Füßen, ihre mächtigen Planken knarrten schwankend unter den Hufen der erschöpften Rosse. In diese steinernen Visiere dort bohrten sich einst die Pfeile der Nowgoroder, sie färbten sich purpurrot vom Blute der Dänen und der Deutschen. Hier steht ein Turm, in dem noch immer Kugeln der Unsrigen aus den Zeiten Iwans des Schrecklichen stecken. Ungeachtet des hohen Schnees klettere ich auf den Wall und verbeuge mich vor meinen Landsleuten. Jene Steinkugeln sind – so scheint es – aus Granit gefertigt worden und wirklich gut abgerundet. Ihrer Größe nach zu urteilen, sind es Sechsundneunzig-Pfund-Karonadenkugeln; fast alle, acht oder neun an der Zahl, drangen entlang einer Linie ziemlich hoch über dem Erdboden ein. Einige von ihnen bohrten sich vollständig in das Mauerwerk, andere nur etwa bis zur Hälfte.

Vermag ich denn überhaupt diese zauberhafte Aussicht anschaulich zu beschreiben, meine Freunde, die sich in einem schier grenzenlosen Panorama dem Auge von der Anhöhe der Oberstadt aus eröffnet? Wortlos steige ich von den hohen Mauern herab, lasse meinen Blick auf der Reihe runder und viereckiger Türme ruhen, die die Burg wie ein Kranz umgeben. Auf ihnen ranken gelegentlich eine einsame Weide oder eine spärliche Klette, die dem vorüberstreichenden Wind ganz sacht etwas zuraunen.

Hier steht nun die Kirche der Muttergottes von Riga, *»Dom-Kirche«* genannt. Betreten wir sie, um einen Blick auf den Sarkophag des berühmten Pontus de la Gardie zu werfen, den der Aberglaube aus seinem Vaterland Frankreich vertrieb und dem das Glück den Ruhmeskranz eines außergewöhnlichen Feldherren verlieh. Überflüssige Ehrbezeugungen waren schuld an seinem Tode. Der Kommandant von Narwa, von dem Wunsche beseelt, den russischen Bezwingern seine Dienstbeflissenheit zu beweisen, bereitete für ihren Rückweg nach Stockholm zur Überfahrt de la Gardies über die Narowa ein Fischerboot vor, schwer beladen mit Schmuck und Kanonen. Kaum war es in der Mitte des Flusses angekommen, da ertönte von der Festung her Ehrensalut. Vom Fischerboot her entsandte man die Antwortsalve – sie war die letzte. Das alte Boot zerbarst von diesem Schlag und sank, die Wellen verschlangen den Helden. Seinen Leib barg man schon am folgenden Tage, brachte ihn nach Reval, und hier umarmte nun die Erde, dieses ewig währende Vaterland, den Vertriebenen. Das Seitenschiff der Kirche birgt sein sehr schlicht gehaltenes Grabmal. Ebenfalls an dieser Stelle wurde der für seine Furchtlosigkeit im Krieg gegen die Schweden berühmt gewordene Admiral Samuel Greigh beigesetzt, ein reichverzierter Grabstein erhebt sich über seinen sterblichen Überresten. Nur wenige Schritte trennen zwei Jahrhunderte voneinander, zwei bedeutende Epochen unserer hehren Geschichte: Zwischenherrschaft und de la Gardie! Greigh und die Reußen auf den Felsen Sweaborgs! Welch eine tröstliche Parallele.

Über das von mir Beschriebene hinaus gibt es in der *Dom-Kirche* nichts Bemerkenswertes. Auch sie wurde von Waldemar II., dem Begründer der Stadt, errichtet, doch vernichtete ein Brand das ursprüngliche Gebäude. Das jetzige, im Jahre 1683 erbaut, gehört nicht zur älteren, sondern bereits zur mittleren gotischen Architektur.

Bei einem flüchtigen Blick in das *Ritter-Haus*, in welchem sich heute der Adelssaal und verschiedene Ämter befinden, bietet sich der Neugier keinerlei Nahrung. Einzig die Wappen erinnern dort an die Existenz des Ordens, alles übrige erfuhr dem heutigen Geschmack entsprechende Veränderungen. Vor diesem Gebäude, auf einem kleinen Platz, wurden in der alten Zeit die Turniere ausgerichtet, hier zerbarsten die Lanzen der Ritter an den Brustpanzern der Gegner, hier erwartete die silberne Taube auf dem schwankenden Stab den Todesstoß, oder eine behende Kugel überlistete die Hand des erfahrenen Reiters.

Die Geschichte bewahrte lediglich den Bericht über ein Turnier, das an dieser Stelle im Jahre 1538 stattgefunden hat. Alle livländischen Ritter und Edelleute kamen aus diesem Anlaß zusammen, selbst der Ordensmeister Brüggeney war zugegen. Das Fest begann mit einem Gelage, das Turnier endete mit einer Schlacht. Ein unbekannter Ritter in funkelnder Rüstung und heruntergelassenem Visier stürzte sich wie ein Falke hinter die Absperrung, drehte sich auf dem Turnierplatz auf seinem feurigen Roß im Kreis und warf dem ersten Kämpfer unter den besten Rittern den Fehdehandschuh zu. Die Blicke aller richteten sich auf den namenlosen Draufgänger. Die Gegner sprangen auf, stiegen in die Steigbügel und ritten mit gesenkten Lanzen aufeinander zu. Laut klirrten die schweren Rüstungen, der Revaler Ritter stürzte aus dem Sattel und wälzte sich, vom Hieb des Unbekannten betäubt, auf dem Boden, bedeckt von Scham und Staub. Der Applaus kürte den unbekannten Ritter zum Turniersieger, und der Herold verkündete, der Sieger habe einen Preis gewonnen. Gleichwohl, als er ihn aus den Händen des Ordensmeisters entgegennehmen wollte, mußte er sein Gesicht zeigen. Der Sieger weigerte sich lange, zögerte es immer wieder hinaus und lüftete schließlich doch still das Visier seines Helms. Wer vermag die Verblüffung aller anwesenden Ritter zu beschreiben? Vor ihnen stand ein einfacher Revaler Kaufmann! Im Überschwang ihres beleidigten Stolzes kündigten die Ritter an, daß künftig niemand außer den Brüdern des Ordens hinter die Absperrung des Turnierplatzes gelassen werde. Die Edelleute und alle namhaften Bewohner der Stadt, die durch einen derartigen Beschluß von der Teilnahme am Turnier ausgeschlossen wurden, verfochten glühend ihre Ehre. Beide Seiten stellten Forderungen, keine wollte nachgeben. Man stritt, drohte, den Worten folgten Taten, und der Kampf entbrannte: Ritter, Edelleute und Schwarzhäupter gerieten durcheinander, mit ihren Lanzen schlugen sie sich gegenseitig, mit den Schwertern stachen sie einander nieder. Der erschrockene Ordensmeister bat, überredete, befahl – doch man gehorchte ihm nicht! Er legte seinen Hut, ja sogar seinen Mantel auf den Turnierplatz zum Zeichen, daß das Turnier beendet sei – niemand nahm es zur Kenntnis! Schließlich gelang es dem Revaler Bürgermeister Fegesack, einem von allen geachteten Manne, die Ruhe wiederherzustellen. Die Widersacher ließen unter wüsten gegenseitigen Drohungen voneinander ab, und so endete dieser Zweikampf mit dem Tode und der Verwundung vieler.

Der ehemalige Palast der Schwedenkönige ist in unseren Tagen von den verschiedenen Amtsstellen der Krone besetzt. In ihnen finden sich keinerlei Spuren aus alter Zeit. Ich geleite Euch von den zerstörten Schießscharten der Oberstadt in die Unterstadt, durch das unter dem Turm hervorspringende Tor. Es gab einst eine Zeit, da man dieses Tor nach Sonnenuntergang schloß und jeder Bewohner der Oberstadt, der sich wegen eines freundschaftlichen Gläschens verspätete, einen kleinen Wegzoll *(Speer-Geld)* entrichten mußte, um nach Hause durchgelassen zu werden. Heute gibt es hier keine knarrenden, mit Eisenplatten reich beschlagenen Torflügel mehr, doch die mächtigen Angeln, in denen sie sich bewegten, existieren noch immer.

Eine abschüssige schmale Straße zwischen der gewaltigen Mauer und dem wunderschönen von Kaulbarsschen Stadthaus auf dem schroffen Berg (*Blocks-Berg* genannt) führt uns in das Labyrinth der Straßen der Unterstadt. Jetzt will ich Euch die Geschichte des Neuen Tores erzählen *(Schmidt-Forst)*, das im Verlaufe zweier Jahrhunderte erschaffen wurde ebenso wie die Pforte zum Janustempel. Die Gründe hierfür will ich Euch nennen.

In den Zeiten der feudalen Herrschaft der Ritter über Estland unterlagen Leben und Tod der Untergebenen dem Willen der besitzenden Herren. Unter letzteren zeichnete sich Uexküll, Herr von Reisenberg, durch besondere Grausamkeit gegenüber seinen Vasallen aus. Seine Tyrannei kannte keine Grenzen, wohl gab es aber Grenzen dafür, was Menschen zu ertragen fähig waren. Man muß erwähnen, daß Reval, kraft der von ihm bewahrten Gesetze, das Recht besaß, jeden Mord, der auf dem Territorium der Stadt begangen wurde, durch den Tod des Mörders zu sühnen. Jener Uexküll nun wußte dies nicht oder wollte es nicht wissen und quälte innerhalb der Mauern der Stadt einen seiner Vasallen zu Tode. Die Bürgermeister erhielten von diesem Vorfall Kenntnis und schwiegen, fürchteten sie doch, in der Person Uxkülls alle Edelleute zu beleidigen. *»Wo ist kein Klage, da ist kein Richte«*, so sprachen sie. Doch sie konnten die Anklage nicht zurückhalten. Die Ältesten der Uexküller Ansiedlungen und die Verwandten des Ermordeten forderten, sich auf das Revaler Recht berufend, lautstark die Verurteilung ein, und schließlich erhielten sie sie. Der Magistrat gestattete ihnen, den Verbrecher dingfest zu machen. Die Feinde erwarteten ihn bereits, seine Freunde warnten ihn vor der Gefahr – doch er hörte weder auf die einen noch auf die anderen, verspottete die Ratsherren und zog mit johlendem Gefolge in Reval ein. Die Hoffnung auf Reichtum hatte Uexküll blind werden lassen. Er wurde ergriffen, und das Gericht, ungeachtet der für ihn gestellten Kaution, verurteilte ihn zum Tode. Der Tag der Hinrichtung nahte. Die aufgebrachten Edelleute ließen nichts unversucht, um ihren Bruder den Händen der Rechtssprechung zu entreißen. Bewaffnet warteten sie vor den Mauern Revals in der Hoffnung, man würde Uexküll zur Hinrichtung vor die Stadt führen. Doch sie irrten sich, er wurde unter die Schmiedepforte gebracht. Das Beil des Henkers blitzte auf, und das Haupt des Übeltäters rollte den am ganzen Körper bebenden Bürgern vor die Füße. Dies trug sich im Jahre 1535 zu. Die Adligen waren außer sich vor Wut, allein sie vermochten mit ihren Lanzen das unzugängliche Tor nicht zu zertrümmern. In der Folge erlegte jedoch der Magister Gallen, dem Verlangen des gesamten Adelsstandes nachgebend, dem Magistrat der Stadt eine Geldstrafe auf, weil sich dieser wegen des endgültigen Urteils nicht an ihn gewandt hatte. Jenes Tor aber, unter welchem durch des Scharfrichters Hand edles Blut geflossen war, befahl er, auf ewig zu verschließen. Katharina II. gestattete während ihres Aufenthaltes in der Stadt, das Tor wieder zu öffnen. Seit jenen Tagen wird es »Neues Tor« genannt.

Eilen wir nun in die Kirche des heiligen Nikolaus. Ein beflissener Küster erwartet uns bereits auf der Schwelle aus dem 14. Jahrhundert. Er hüstelt verlegen und stellt sich darauf ein, unser Cicerone zu sein. Die verrosteten Kirchenschlüssel in seiner

Hand klappern. Die Türen drehen sich knarrend in den Angeln, wir befinden uns im Flur, wo von rechts und links kaum merklich gedämpftes Licht durch geschnitzte Holzgitter dringt. Verblaßte Vergoldung und halb verwischte Inschriften bürgen für ihr Alter.

Im linken Seitenaltar liegt unter einer gläsernen Haube der Körper des Duc de Croy, eines russischen Generals, der vor Narwa in der ersten Schlacht der Petrinischen Truppen gegen die Schweden in Gefangenschaft geraten war. In Reval lebte er als Kriegsgefangener und vergaß weder seine Herkunft noch seinen Rang – was bedeuten soll, daß er viele Schulden machte und das Zeitliche segnete, ohne die Scharen seiner Gläubiger zufriedengestellt zu haben. Diese entsandten an de Croys Verwandte in den Niederlanden eine Nachricht, derzufolge sie, nach schwedischem Gesetz, die Beisetzung ihres Schuldners erst nach Begleichung seiner Schulden durch die Erben zulassen würden. Sie warteten und warteten – vergeblich.

Wie man daraus leicht ersehen kann, hatten jene durchaus nicht die Absicht, es den alten Ägyptern mit dem Freikauf einer sterblichen Hülle gleichzutun, und kamen nicht. Die kalkhaltigen Mauern des Kellers konservierten den Körper de Croys, der dort noch heute, vergessen, ruht. Der samtene schwarze Umhang und die Kleidung aus Seide beginnen zu zerfallen, die seidenen Überstrümpfe jedoch sind noch unversehrt und gut erhalten. Man kann alle Züge seiner Physiognomie unterscheiden. Duc de Croy starb im Jahre 1701.

Beim Betreten der Kirche ist man unwillkürlich überrascht von ihrer düsteren Erhabenheit! Die Blicke wandern unter den spitz zulaufenden gotischen Gewölben umher, der Boden hallt von den Schritten wider wie von Grabesstimmen. Das Licht des Tages bricht sich in farbenfrohem Glas, das in mehrfach verbundenes Blei gefaßt und zu Heiligenbildern zusammengefügt wurde.

Auf Schritt und Tritt stößt man auf Spuren des katholischen Glaubens, der diese Kirche im Jahre 1317 begründete. Mächtige Flügelaltäre mit gemalten und geschnitzten Darstellungen katholischer Heiliger und Päpste erheben sich über dem Hochaltar. Ihre künstlerische Meisterschaft ist deutlich zu erkennen und kann sich mit Arbeiten Lucas Cranachs durchaus messen. Andere Bilder, die Querschiffe und Fensterpfeiler zieren, sind weitaus schwächere Arbeiten.

Über den Totenschilden der deutschen und schwedischen Ritter wurden verrostete Rüstungen angebracht, über anderen leuchten schwach die verstaubten Fetzen alter Banner. Während ich sie betrachte, entringt sich mir ein tiefer Seufzer. Es ist möglich, daß in diesem kalten Eisen irgendwann einmal eine feurige Brust voll Ruhm und reiner Liebe loderte, daß die Enkel von diesen im Kampf für die Heimat empfangenen Einschußlöchern das Vermächtnis ablasen, »sie nicht zu verraten«. Jene Banner flatterten einst im Sturmwind der Schlacht! Und was bedeutet all dies wohl für uns heute? Es ist ein Beleg für Verwesung und Bedeutungslosigkeit. Nur noch ein paar Jahre werden vergehen, und Wissensdurst wird die stummen Ruinen vergebens befragen.

Das Gestühl, die Rahmen der Bilder und Porträts werden von Schnitzereien verziert, die zum Teil sehr kunstvoll sind. Der Boden wurde aus den Grabplatten der hier beigesetzten Ritter, der Stifter der Kirche, zusammengefügt. Grobe Steinmetzarbeit stellt sie in voller Bewaffnung dar. Die Inschriften sind fast vollständig von den Füßen der Besucher verwischt worden. Auf der rechten Seite erkennt man in der Kirchenmauer eine Nische von nur anderthalb Arschin Höhe und einem Arschin Breite. Man erzählt sich, daß man hier zur Strafe schuldig gewordene Geistliche einsperrte, was um so grausamer war, als man dort weder stehen noch sich hinsetzen konnte. Das Eisengitter läßt diese Überlieferung durchaus glaubhaft erscheinen.

Während unseres Aufenthaltes fand in der St.-Nikolai-Kirche kein Gottesdienst statt, die Zeit hat ihren hohen Gewölben den Kampf angesagt. Ihre Mauern werden von Rissen durchzogen, jetzt werden zur Sicherheit Balken und Stützpfeiler aufgestellt. Es wäre schade, wenn dieses älteste Denkmal des Katholizismus und der gotischen Architektur in der Stadt verfallen würde.

Das Äußere der Kirche weist vielerlei Bedeutsames auf *(il grandioso)*. Schmale Fenster und mächtige Pfeiler beleben das Spiel von Licht und Schatten und verleihen dem Bauwerk ein interessantes Aussehen. Der untere Teil ist durch Buden verstellt, die für den Jahrmarkt errichtet wurden, der an dieser Stelle im Juni anläßlich des

Johannistages stattfindet. Nahe dem Eingang steht eine Kapelle, in der der frühere Gouverneur Estlands, Holstein-Beck, beigesetzt wurde. Türen und Fenster wurden verschlossen: nicht um die kostbaren Grabbeigaben zu schützen, sondern eher, so wird vermutet, weil sie bereits verschwunden sind.

Auf der *Breit-Strasse*, die allerdings nur dem Namen nach breit ist, nähern wir uns der Kirche des heiligen Olai, die vergangenen Sommer in der Nacht auf den 16. Juli abbrannte. Ihre Kirchturmspitze, von den Revalern «Olai-Torn« genannt, hatte anfänglich eine Höhe von vierundachtzig Sashen, das bedeutet, sie war ebenso hoch wie die Kuppel des Petersdoms. Vor dem Brand ragte sie vierundsiebzig Sashen in die Höhe. Die Olai-Kirche brannte seit ihrer Fertigstellung bereits achtmal, davon sank sie dreimal in Schutt und Asche. Dank des Fleißes der Bürger erstand sie immer wieder in alter Schönheit neu. Der Stadt gereichte sie zur Zierde, rief die Bewunderung des gesamten Gebietes hervor und war von Nutzen für die Seeleute, die nach ihrem hohen Turme bei Tage ihren Kurs durch Tausende von Gefahren ausrichteten.

Die Mauern der Kirche und der steinerne untere Teil des Glockenturmes stehen noch, doch sein Oberteil stürzte herab. Ein Blitzschlag traf einen der pyramidenförmigen Ecktürme, das Feuer erfaßte in Windeseile die gesamte Dachfläche, drang in das Innere der Kirche vor und verwandelte alles Brennbare in Asche. Das Kupfer der Glocken und der Dachflächen schmolz wie Wachs, ergoß sich in

Strömen, es regnete Bleiglas. Die Feuersbrunst bedrohte die ganze Stadt mit dem Untergang, Grauen erfaßte die Herzen der Revaler Bevölkerung. Schließlich stürzte der gigantische Glockenturm, in hellen Flammen stehend, über die Straße auf die brennenden Häuser; und der Turm, rotglühend wie der Ätna, fuhr fort, alles um sich herum zu verwüsten. Getöse und wüstes Beben dröhnten aus seinem Inneren, das Feuer wütete an der Außenseite. Glücklicherweise regnete es, dieser Regen durchnäßte die Dächer der Häuser und verhinderte so eine weitere Ausbreitung des Brandes. Um vier Uhr war alles vorüber.
Ehrfürchtig betrete ich durch knirschenden Schnee das Innere des Gebäudes. Überall erinnern schwarze Flächen an die Wogen der verheerenden Naturkatastrophe. Alle Schätze – die Orgel, Rüstungen und Schwerter der Ritter – fielen den Flammen zum Opfer. Die sogenannte »Rippe Olais«

Seite 101

Protokoll (Kopie) einer Sitzung des Rates von Reval vom 18. Juni 1820:
»Der präsidierende Herr Bürgermeister eröffnete die Sitzung dadurch, daß derselbe ... beim Eyde der Trauer und des Leides gedachte, welche über diese ohnehin bereits so vielfach bedrängte Stadt neuerdings durch die in der Nacht vom 15. auf den 16. dieses Monats ungefähr um 3/4 auf ein Uhr erfolgte vom Blitz geschlagene Entzündung des St. Olaikirchthurms verfügt worden ...

Sub die 18 Juni 1820 316 305.

Waren für sämtliche Mitglieder [illegible] sind versammelt und an-
wesend gegenwärtig

Herr Wortführender Bürgermeister C. J. Lemm
Herr Bürgermeister und Ritter von [illegible]
Herr Bürgermeister Frese Herr Syndicus [illegible]
und die Herren des Raths von Straelborn – Koch
– Landesen – Wacro – Witt – von zur Mühlen –
Jordan – Luther – von Husen – Altstadius

Der präsidierende Herr Bürgermeister eröffnete die
Sitzung dadurch, daß derselbe als Veranlassung ins-
besondere auch der Zusammenberufung der heutigen
Versammlung legen sich der Kummer und das Leid
gedachte, welche über diese Stadt bereits so un-
[illegible] [illegible] [illegible] durch die in der
Nacht vom 15. auf den 16. dies. Mon. ungefähr um
3/4 auf ein Uhr erfolgten vom Blitz geschehenen
Entzündung des St. Olai Kirchthurmes über verbreitet
worden. Wenn gleich nicht dieser Tod durch die
Feuersbrunst [illegible] Verlust der St. Olai Kir-
che mit diesem erhabenen Thurm – [illegible] selbst
dem entferntesten Schiffer als ein sicheres Zeichen
nicht seiner geschichtlichen [illegible] – ihrer schönsten
Zierde beraubt hat, und dieser Verlust [illegible]
[illegible] [illegible] bey solchem Unfalle [illegible]
[illegible] [illegible] [illegible] die [illegible]
jedes [illegible] mit tiefer Wehmuth er-
füllen müsse, so werde doch auch mehr das Ge-
müth zur innigsten Andacht und zum besten
Preise der Gnade Gottes hingerissen durch die
Überzeugung, daß hätte nicht [illegible] [illegible]
über diesen Tod [illegible] die allermindeste [illegible]
der Verschonung, nicht bloß ein [illegible] die [illegible]
ner [illegible] oder [illegible] [illegible] die [illegible]

ereilte dasselbe Schicksal. Ein gewaltiger Walknochen, der über dem Eingang zum Zeichen des Bündnisses mit den Walfängern der Hanse angebracht war, lieferte der einfachen Bevölkerung den Anlaß zum Erfinden einer Sage, wonach diese Rippe von Olai gestammt haben soll. Dieser Olai sei ein Gigant von unglaublichem Wuchs gewesen, der, nachdem er am Morgen von Narwa aus nach Reval gekommen war, um den Bau der Kirche zu beaufsichtigen, zum Mittagsmahl tagtäglich dorthin zurückkehrte.

Außen und innen vermag das Auge nichts als Ruinen zu entdecken, vom Brand gezeichnet. Der Wind bläst Schnee und Asche von den verwaisten Mauern herab und heult um den zerstörten Altar. An einer der Außenwände wurde ein reliefartiges Bild eingearbeitet. Man vermutet, daß es den Götzen Thor zeigt, und Professor Rickers verfaßte darüber eine sehr interessante Abhandlung. Ich aber werde versuchen, für Euch, meine lieben Freunde, davon eine Skizze anzufertigen, und dann werden wir unsere Meinungen darüber austauschen, was diese Kröte auf dem menschlichen Skelett zu bedeuten hat.

In der Olai-Bibliothek werden sehr wertvolle, für alle Deutschen, die Talenten Hochachtung zollen, interessante eigenhändige Briefe Luthers und seines Gefährten Melanchthon über die Reformation aufbewahrt.

Olai oder Olaf, ein Nachfahre Haralds des Tapferen, Königs von Norwegen, wurde von seinen Landsleuten für die Befreiung seiner Heimat vom

Joch der Dänen und seiner christlichen Tugenden wegen heiliggesprochen. Schon bald begann man, ihm auch auf fremder Erde Kirchen zu weihen. Im Jahre 1329 errichteten die Dänen diese Kirche zu Ehren Olais. Die Aufsicht über den Bau hatte ein Bischof, der ebenfalls den Namen Olai trug.
Das Ufer, das Ufer meine lieben Freunde, es ist in Sicht! Uns bleibt nur noch, dem Haus der Schwarzhäupterbruderschaft einen Besuch abzustatten.

Mein Freund und Kamerad R. hat die Mitglieder bereits auf meinen Besuch eingestimmt, und die höflichen Vorsteher des Bundes zeigen uns alle Raritäten. Im Vorübergehen den geräumigen Saal mit den Augen umfangend, bedauere ich, daß die drei ionischen Säulen, die die Stuckdecke tragen, die Weitläufigkeit stören; an ihrer Stelle befanden sich noch vor gar nicht allzulanger Zeit altertümliche viereckige Pfeiler. Auch die Porträts der Schwedenkönige wurden entfernt. Karl XII. zog von seinem Ehrenplatz in die Vorhalle – wahrscheinlich als Wächter.

Dies sind die gewaltigen Pokale, aus denen die Schwarzhäupterbrüder in alter Zeit Malvasier zu trinken pflegten! Dieser hier ist der älteste von ihnen, gefertigt aus dem Huf eines Rehes, möglicherweise zur Erinnerung an Reval *(Ree val)*. Aus ihm trank Peter der Große auf das Wohlergehen des Schwarzhäupterbundes, dem er nach der Einnahme der Stadt beitrat; aus ihm, meine lieben Freunde, trinke auch ich! Voller Begeisterung küsse ich jene Stelle, die einst von den Lippen des bedeutendsten unter allen Sterblichen berührt worden ist. Peter,

Katharina II. und Alexander I. machten dem Bund je einen Silberpokal in Form eines Rehhufes zum Geschenk. Es gibt hier viele Holzkrüge mit Henkeln, und die Becher sind fast alle mit dem Bildnis des Heiligen Mauritius geschmückt, der der Abstammung nach Maure, dem Handwerke nach Feldherr gewesen war.

Ganz besonders gefällt uns ein raffiniert ausgeklügelter Becher, in welchem auf einem Kügelchen ein silberner Junge schwimmt. Die Schwierigkeit besteht nun darin, mit der Nase den Schwimmer in den Wein zu tauchen, anderenfalls füllt sich der Becher immer wieder aufs neue, bis der Verstand des Trinkenden (v)ertrunken ist. Um auch bei diesem Spiel unser Glück zu versuchen, füllen wir den Becher immer wieder mit Wein, balancieren sowohl mit dem Munde, der Nase als auch mit den Augen – alles vergebens: Der widerspenstige Bursche will um keinen Preis untertauchen.

Nachdem wir uns an diesem Einfall aus längst vergangenen Tagen, als die Kunst des Trinkens noch eine systematisch betriebene Wissenschaft darstellte, vergnügt und die Unterschrift von Peters Hand und einige ihm zugeschriebene Gegenstände begutachtet haben, freuen wir uns schließlich an der silbernen Taube, die man in der Höhe zum Springen zu befestigen pflegte, und gehen in die oberen Räume des Bundes.

Dort ist lediglich folgendes bemerkenswert: Lanzen, die auf Turnieren Verwendung gefunden hatten, ein Walknochen und ein Gemälde, das das Leben des heiligen Mauritius darstellt. Man sagt, daß es bei Einführung der Lehre Luthers in Reval zurückgelassen worden war. Der Zufall brachte es vor langer Zeit zum Vorschein, und die Schwarzhäupter überführten es mit großem Pomp in ihr Haus. Jenes Bild wurde aufgrund seines hohen künstlerischen Wertes von den Katholiken sehr geschätzt; es wird erzählt, daß sie, ungeachtet seiner gewaltigen Größe, als Gegenleistung das Gewicht in Silber boten – allein die Brüder des Bundes willigten nicht ein. Voller Verdruß entsandten die Katholiken einen von ihnen bestochenen Maler, der das Gemälde unter dem Vorwand, die von der Feuchtigkeit arg in Mitleidenschaft gezogenen Stellen ausbessern zu wollen, verunstalten sollte. Gesagt – getan. Für den Wahrheitsgehalt dieser Anekdote kann ich meine Hand natürlich nicht ins Feuer legen, jedoch glaube ich, daß, urteilt man nach der Qualität der Arbeit, hier seitens des Meisters und Restaurators eher Unvermögen im Spiele war als der Neid der Katholiken.

Der Kriegs- und Handelsbund der Schwarzhäupterbrüder konstituierte sich im 13. Jahrhundert hier noch vor dem in Riga ansässigen; doch wann dies genau war, ist unbekannt. Die Schwarzhäupter stellten und stellen die städtische Reitergarde. Vor fünfzehn Jahren noch paradierten sie bei Feierlichkeiten auf ihren Rossen in ihrer traditionellen Kleidung, doch jetzt tragen sie bürgerliche Uniformen. Das heutige Haus des Bundes stammt aus dem 15. Jahrhundert. In ihm wurde der Klub der Schwarzhäupter gegründet, der auch *Einigkeit* genannt wird und in den Mitglieder aus Kreisen des

städtischen Bürgertums und Offiziere des russischen Dienstes aufgenommen werden.
Ich werde Euch, meine lieben Freunde, das Häuschen und den Palast Peters des Großen in Katharinental nicht beschreiben, und zwar aus vielerlei Gründen, zuallererst aber deshalb, weil ich nicht selbst dort gewesen bin. Statt dessen will ich Euch lieber eine Anekdote darüber erzählen: Nach der Einnahme Revals besichtigte der Sieger über Karl XII. Estland. Als er am Schloß des Adligen Ramm vorüberkam, sandte er Boten zu ihm mit der Nachricht, er wolle bei ihm speisen.

»Ich aber wünsche dies nicht!« entgegnete Ramm, ein aufrechter Anhänger des früheren Herrschers. Peter geriet völlig außer sich, eilte ins Schloß und elektrisierte mit seinem Spazierstock den Rücken des Widerspenstigen.

»Wo Zorn ist, da ist auch Güte«, besagt ein Sprichwort. Die Aufrichtigkeit und die Kenntnisse Ramms gefielen unserem Imperator. Er versöhnte sich mit ihm, und schließlich bezauberte er mit seinem Verstand und seiner Liebenswürdigkeit den früheren Widersacher so sehr, daß dieser aus tiefster Seele bereit war, alles für den russischen Herrscher zu geben. »Bitte, worum du auch immer willst«, sprach Peter zu seinem guten Gastgeber beim Abschied, »ich werde es dir erfüllen!«

»Mein Herrscher!« entgegnete Ramm. »Schenkt mir den Spazierstock, mit dem Ihr mich züchtigtet – er wird mich an meine Verfehlung gemahnen, an das Temperament und den Großmut eines bedeutenden Mannes!«

Peter brach in lautes Gelächter aus und kam dieser ungewöhnlichen Bitte nach. Jener Spazierstock wird bis auf den heutigen Tag liebevoll durch die Nachfahren Ramms aufbewahrt.

Dies ist alles, was ich aus Büchern und von zuverlässigen Bürgern über Reval in Erfahrung bringen konnte und was so detailliert noch von niemandem berichtet wurde. Meine Geschichte ist recht kurz, das ist wahr; doch dafür ist sie auch nicht erdacht, sondern ich habe sie lediglich niedergeschrieben. Ich hoffe, liebe Freunde, Ihr verzeiht einem gestandenen Kavalleristen, daß einzelne Abschnitte vielleicht etwas unausgewogen erscheinen. Meine Feder, vom Säbel angespitzt, warf sie in den flüchtigen Pausen zwischen Vergnügungen und Müdigkeit hastig aufs Papier, unter dem kühlen Flügelschlag des Schlafes. Vergebt auch meine langen Briefe – und daß ich Euch über die zwei Wochen meines Aufenthaltes in Reval mit ausreichend Langeweile für zwei Monate im voraus überschüttete. Meine Hand wird nimmer müde zu schreiben, wenn das Herz mit ihr verschworen ist. Nicht in meiner Beredsamkeit, sondern in Eurem Wohlwollen entdecke ich den Befürworter meines Wortreichtums.

Doch nun lebt wohl! Morgen abend gedenke ich abzureisen; und in drei Tagen schon wird Euer Kamerad auf des Freundes Türschwelle stehen und den Schnee aus der Fremde von seiner Kleidung klopfen.

Aufzeichnungen auf der Rückfahrt von Reval

Station Loop, 70 Werst von Reval,
7. Januar, Mitternacht

Warum nur sind Blicke nicht imstande, durch neblige Fernen einen schnellfliegenden Gedanken zu verfolgen? Wäre dies möglich, so könntet Ihr, meine fernen Freunde, von meinen Augen all das ablesen, was sich in ihnen durch die Unruhe des Herzens widerspiegelt, alles, was die Seele empfindet, die Phantasie umschließt und das Wort nicht auszudrücken vermag. Soll doch der Blitz meine Feder treffen, soll doch ihre Spur in Flammen aufgehen – ja, selbst dann wird das geschriebene Wort nur ein schwacher Widerhall, lediglich ein trügerisches Abbild unaussprechlicher Gefühle sein! Die Gedanken leuchten kurz auf und vergehen, so wie des Falken Schatten aus den Lüften für einen Augenblick über dem Tale sichtbar wird.

So wie gerade eben geraten in meiner Brust und in meinem Kopf oftmals gigantische Überlegungen und stürmische Gefühle in Aufruhr. Zorn, Erinnerungen, Hoffnungen und Träume fließen ineinander, bedrängen sich gegenseitig, dringen mit Macht in meine Seele ein, alle gemeinsam oder jedes für sich, mal erquickend, mal Höllenqualen gleich. Wo aber werde ich die Noten des Herzens entdecken, um all die Zwischentöne, alle Verwandlungen, alle Nuancen meiner Wahrnehmungen zum Ausdruck zu bringen? Oh, wenn doch dieser kühle Brief, ähnlich wie ein Eisspiegel, der die Lichtstrahlen bündelt, auch diese Strahlen zu sammeln in der Lage wäre, wenn er meine Gefühle auf Eure Herzen übertragen könnte und dort – wenn auch nur blaß – ein Abbild hinterließe!

Doch wohin enteilte meine Phantasie? Anstatt Euch, wie versprochen, zu beschreiben, was wirklich war und ist, hätte ich fast begonnen, matte Traumbilder meines Verstandes zu entwerfen! Hier nun die Wirklichkeit:

Mit großem Widerwillen öffnete ich heute früh die Augen und schloß sie sofort wieder, in dem Wunsche, mit den Wimpern die Schwingen des Traumes festhalten zu können. Es bereitet keine Freude, von gastfreundlichen Menschen Abschied zu nehmen, von neuen Bekannten, von einem Ort, an dem unsere Heiterkeit durch nichts gestört werden konnte. Zu scheiden ist traurig, kann es doch ein Abschied für immer sein, kaum daß man sich mit den Dingen vertraut gemacht hat.

Doch wie es auch sein mag, wir trafen Vorbereitungen für die Abreise aus dem Hause des Generals. Freunde und Verwandte, bekannte Damen und Herren kamen herbei, um einen liebenswerten gastfreundlichen Revaler zu verabschieden, der mit einer seiner Töchter gemeinsam mit uns nach Petersburg reist. Von der Tafel, an der viel geredet, aber wenig gegessen wurde, an der lautstark auf

Hermes, den Beschützer der Reisenden, angestoßen wurde, auf daß er uns eine glückliche Reise schenke, an der Späße machte, wer wollte, und lachte, wer dazu in der Lage war – von dieser Tafel erhoben wir uns um drei Uhr. Die Reiseschlitten klingelten und knarrten vor dem Eingang. Jeder sagte: »Es wird Zeit!«, doch alle zögerten den Abschied hinaus. Von allen Seiten mußten Hände geschüttelt werden, schließlich mußten wir wohl oder übel abfahren, um uns in der Dunkelheit auf dem gefährlichen Weg bis zur ersten Poststation nicht zu verirren. Wir ließen uns in dem Raum nach alter russischer Sitte nieder, erhoben uns und beteten zu den Penaten. Ich drückte meinen neuen Freunden fest die Hand, die Peitsche knallte – und binnen einer halben Minute trug uns der Wind schon ein letztes »Lebewohl!« zu, in drei Sprachen mit auf den Weg gegeben.

Als wir durch Katharinental kamen, schaute ich zurück nach Reval. Stolz reckte es seine in den Abendnebel gehüllten Mauern und Türme empor, die Sonne versank hinter ihnen im Meer und ließ die imposante Schönheit der Türme und Kirchturmspitzen klar umrissen hervortreten. Ganz allmählich verschwanden in der Ferne die Silhouetten der Bauwerke, alles verschmolz zu einem schemenhaften Umriß vor leuchtendem Abendrot. Urplötzlich versperrte ein Hügel den Blick auf die gesamte Stadt. Dann, im Weiterfahren, schimmerten die Türme der Oberstadt ein letztes Mal durch die Kuppen des Laaksberges. Ich konnte noch einen Blick darauf werfen, ehe am Horizont Himmel und Erde eins wurden. Ich vergrub mich tiefer in meinen Mantel.

Gemächlich glitten unsere Schlitten auf dem verschlungenen und schmalen Weg, der erst vor kurzer Zeit von Schneestürmen zugeweht worden war, dahin. Die Pferde kamen in dem lockeren Schnee nur schwer voran, ihr gleichmäßiges Stampfen und das monotone Schaukeln der Schlitten ließen mich in einen gewissen schwermütigen Dämmerzustand sinken. Das Bellen eines Hundes, des einsamen Wächters einer estnischen Hütte, weckte mich auf. Hinter einer Dorfkirche ging der Mond auf, leichte Dunstschwaden zogen, wie silbrige Nebel wallend, am Nachthimmel entlang.

Hier aßen wir zu Abend und werden unser Nachtlager aufschlagen. Alles schläft – außer meiner Feder, das Licht geht allmählich zur Neige, qualmt, verlischt; genug!

Station Pedrus, 8. Januar

Kaum daß der Morgenstern das Firmament in rotes Licht getaucht hat, sind wir schon unterwegs. Die Sonne ging auf, ein leichter Winterwind wehte Reif von den unter der Last des Schnees niedergedrückten Ästen, der Rauch aus den niedrigen Häuschen senkte sich in rosa Schwaden herab. Geschwätzige Elstern hüpften über die Dächer oder flatterten auf dem Weg herum; Spechte kreisten über den Zäunen. Wundersamer Gang menschlicher Gedanken! Mit ihrem Klopfen erinnern sie mich an die Flucht Igors aus der Gefangenschaft der

Polowzer, als der unbekannte Sänger ihn mit seinem harmonischen Lied zum Donez, seinem Freunde, begleitet.

»Alles«, so berichtet er, »begünstigt des Fürsten Unternehmung. Die Elstern hören auf zu schwatzen, sie ducken sich nur eng an die Weiden. Die Spechte weisen ihm durch ihr Klopfen den Weg zum großen Flusse.«

Nachdem ich, den Blick auf Wesenberg (russisch Rakowor) gerichtet, einige Abschnitte aus dem Poem »Der Feldzug Igors gegen die Polowzer« aus dem Gedächtnis zitiert hatte, wollte mir scheinen, ich hätte für meine tapferen Landsleute, die auf diesen Schlachtfeldern oder vor diesen Mauern umkamen, die Totenmesse gelesen.

Der größte Teil Estlands, mit Ausnahme der Gebiete um Wenden, Reval und Narwa, bildet eine Tafel, und zwar eine erhöhte. Allein die Gräben, die vermutlich nach der Erschaffung der Welt Betten reißender und tiefer Flüsse waren, beleben die Gleichförmigkeit dieser Landschaft. Wer weiß, möglicherweise glitten ja die Nachen uns unbekannter Stämme genau dort vorbei, wo gerade jetzt mein Schlitten entlangfährt, wo im Sommer des Esten Sense blitzt?

Soweit ich an den schneefreien Stellen der Felsen feststellen konnte, gehören die Gesteinsarten, die den Boden Estlands bilden, größtenteils zum dritten Abschnitt der chemischen Sedimentation *(Flotz-Zeit)*. Nach Reval hin sind alle Felder mit zu Verkaufszwecken zerkleinerten Kalksteintafeln bedeckt. Der Kalkstein besteht dort stets aus horizontalen Schichten, selten nur enthält er eine durch mechanische Einflüsse entstandene Beimischung von Ton. Näher an Narwa heran ist der Boden, wie dies auch in der Umgebung Petersburgs der Fall ist, von kleinen Granitbrocken übersät, die die Kraft des Wassers abgerundet hat. Gelegentlich deuten Gneisanteile darauf hin, daß sich dieses Gebiet einst am Grunde des Meeres befunden hat. Die höchste Erhebung in Livland ist der Wesenberg, auf ihm steht die Burg gleichen Namens. Sie erhebt sich zwölfhundert Fuß über dem Meeresspiegel.

Die hiesigen Straßen – wegen der geringen Anzahl Reisender schlecht und sehr schmal –, die kleinen Pferde und das Wintergespann, in dem die Pferde hintereinander laufen müssen, machen uns das Reisen ziemlich unangenehm. Apropos, einiges über die Post! Bereits Karl IX. schlug dem livländischen Adel vor, Poststationen und Schenken einzurichten. Letzteres wurde verwirklicht, doch ein regulärer Postdienst existierte bis zum Jahre 1639 nicht. Bis zu jener Zeit beförderten unabhängige oder eigens ausgewählte Eilboten die Briefe, gereist wurde größtenteils zu Pferde.

Station Wargel, vier Uhr nachmittags

Bei einer Tasse bitterer Schokolade, die uns die Wirtin aus saurer Milch zubereitet hat, bringe ich meine morgendliche Unterhaltung mit meinem Bruder zu Papier. Es war warm und sonnig, als wir den Hof der Poststation verließen, doch Nachdenklichkeit und Zerstreutheit standen mir ins Gesicht geschrieben.

»Worüber sinnst du nach?« fragte mich mein Bruder lachend. »Dich beschäftigt doch nicht etwa eine neue Kritik?«

»Glaubst du etwa, daß ich, wie etwa Tristram Shandy, in der Lage bin, noch gar nicht verfaßten Aufsätzen bereits bestimmte Wertungen zuzuordnen? Dem Schicksal sei Dank, daß ich nicht gezwungen bin, schon im voraus über Schöpfungen nachzudenken, an die noch nicht einmal ihre Schöpfer selbst gedacht haben!«

»Es steht dir frei, solcherart Kleinkram auszuwählen. Wenn sich dein, wie du es zu nennen beliebst, ›ehrliches Empfinden‹, das heißt ›ästhetischer Geschmack‹, nun schon in die Notwendigkeit zu kritisieren verwandelt hat, warum suchst du dir dann nicht einen Gegenstand, der die Mühe lohnt, der nützlich für die Literatur ist?«

»Erstens, zweitens und drittens – weil ich mich noch nicht auf meine Kräfte verlassen kann. Hinzu kommt, daß Müßiggang und Zeitvertreib sowie der Dienst meine Zeit teilen. ›Bis morgen!‹, so sage ich mir jeden Tag; die Monate gehen ins Land, dafür kommt die Erfahrung. Außerdem, so glaube ich, ist die Meinung des Publikums über die heutigen Schriftsteller fast gerecht – und daher kann auch eine herrliche Kritik Shukowski und Krylow kaum noch Verdienste hinzufügen, Puschkin und Baratynski bringt selbst eine dumme Kritik nicht um. Doch wenn ich diese selbsternannten Poeten neben den Hütern unseres Parnaß erblicke, wenn ich auf

Leute stoße, von denen die einen die Tür des Ruhmes mit der eisernen Stirn des Eigenlobes aufstoßen, die anderen aber durch ihr Schlüsselloch hindurchkriechen wollen – dann gerät mein Blut in Wallung. Im Spiegel der Kritik ergötzt sich ein Midas an seinen Eselsohren – die er doch sonst gar nicht gesehen hätte!«

»Was bist du doch für ein komischer Kauz! Du beweist, was jeder auch nur halbwegs vernunftbegabte Mensch längst weiß, die Dummen jedoch überzeugst du mit keiner Logik der Welt. Lohnt sich denn die Mühe, die in der Lethe Ertrunkenen anzurufen? Und den Nachweis zu erbringen, daß sie, wie Rivarol es formuliert hat, ›durch ihre Werke unbekannt sind‹?«

»Dies alles ist sehr schön und nicht ganz gerecht. Bei uns glaubt man den Herren Autoren fast aufs Wort, einen Namen in der Literatur kann man sich viel zu oft auch mit leeren Versprechungen erwerben. Natürlich lassen sich Kenner von oberflächlicher Vergoldung nicht täuschen. Die jungen Leute jedoch, die erst zu schreiben beginnen, können allzu leicht auf diesen falschen Glanz hereinfallen und dann – Bildung ade! Schon sind sie Verkünder eines verdorbenen Geschmacks, sind sie Schüler einer Flämischen Schule der Wortkunst!«

»Hoffst du nicht, sie auf den Pfad der Tugend zurückzuführen?«

»Schließlich hatte ich mit dieser Absicht ein hehres Ziel! Niemals werde ich sagen: Wir ackerten, doch nichtsdestotrotz werde ich die Wahrheit aussprechen!«

»Du hast gesehen, die Wahrheit trug dir viele Unannehmlichkeiten ein!«

»Das kann auch gar nicht anders sein. Ich weiß nur zu gut, daß viele mich dem Ostrazismus geweiht haben, ohne überhaupt je etwas gelesen zu haben. Andere empörten sich wegen der Bekanntschaft mit meinen Antagonisten oder ließen sich von ihrem Instinkt leiten. Dritte wiederum taten es des magischen Wörtchens ›so‹ wegen. Die Verlierer beklagen die Ungerechtigkeit – aber an welchem Ort? Auf welcher Galeere findest du den Schuldigen? Diese Herren geraten sogar in Wut, wenn du anstelle von fünfhundert lediglich zwanzig ihrer üblen Reime heraussuchst! Und alles nur aus dem leidenschaftlichen Verlangen heraus, noch ein weiteres Mal im Druck zu erscheinen und so Gelegenheit zu bekommen, dem Publikum freimütig zu bekennen – daß sie Genies sind! Es vergeht keine Woche, schon schwingen sie als Sieger den Taktstock der Eigenliebe. Ich weiß auch, daß man mir aufgrund der Kritik die Ehre der Autorenschaft für alle anonymen Dummheiten Petersburgs zuschreibt. Und ich sehe schließlich sehr genau, daß viele Vertreterinnen des schönen Geschlechts vom Hörensagen die Auffassung von meiner angeblich bösen Zunge teilen. Sie glauben allen Ernstes, ich würde jede Frau für eine neue Komödie halten – doch trage ich etwa die Schuld daran, daß bei uns bis heute gilt: Kritik – das ist gleichbedeutend mit Zank und Streit?«

»Nicht du allein, aber ihr alle gemeinsam! Wozu seine Abhandlungen in spaßige Kleider hüllen und ihre Schlußfolgerungen mit geistreichen Bemerkungen spicken, die nur allzuoft beleidigend sind?«

»Höre zu, *mon cher*! Alle Menschen sind bis zu einem gewissen Maße bösartig! Um sie dazu zu bringen, die Wahrheit zu lesen, ist es angebracht, dieser Neigung zu schmeicheln. Triste Gelehrsamkeit aber, ohne Humor aufbereitet, wird in gar keinem Falle dem jungenhaften Geschmack unseres Publikums entsprechen! Mit einem Wort: Man muß die Aufmerksamkeit der Leser wie Elektrizität auf sich lenken – nämlich durch Spannung!«

»Schon wieder ein neuer Vergleich und ein neuer Widerspruch! Sagtest nicht gerade du über viele unserer Schreiber: Sie leben ein wenig zu einträchtig mit ihrer Eigenliebe, vertrauen ein wenig zu sehr ihren guten Freunden, um der Nachwelt erhalten zu bleiben? Du selber aber biederst dich bei den Launen unserer Zeit an. Und noch eine Feststellung: Soweit ich sehe, wirft man dir nicht zu Unrecht ein Übermaß an Scherzen in deinen Rezensionen vor, zu Recht wird gesagt, daß du dich redlich mühst, geistreich zu sein.«

»So habe doch Erbarmen! Kann man denn mit ernster Miene Unsinn reden? Was das zweite angeht, so ist es möglich, daß ich, der ich von Natur aus fröhlich bin, eine solche Einschätzung durchaus verdiene! Doch ich halte meine Person jedweder Affektiertheit für unschuldig!«

»Scharfsinn, mein Freund, ist der Schatten, den der von Frohsinn erhellte Verstand wirft. Er folgt diesem auf seinem Weg, doch entflieht er, wenn der Verstand ihm nachjagen muß! Daher kann man ziemlich leicht gekünstelten Scharfsinn von natürlichem unterscheiden! Selbst wenn man unterstellt, daß ich und auch das Publikum dir die Ungezwungenheit abzunehmen bereit sind – du lähmst unsere Aufmerksamkeit nicht weniger durch zwar unterhaltsame, aber viel zu zahlreiche Vergleiche! Schließlich hat jeder Erfindungsreichtum irgendwo seine Grenzen!«

»*Foi d'un journaliste*, ich gelobe, mich zu bessern und meine Rezensionen nicht in ein Spielzeugarsenal zu verwandeln!«

»Wäre es nicht besser, das unfruchtbare Feld der Kritik gänzlich zu verlassen? Oder, um den vorhergehenden Gedanken wiederaufzunehmen: Höre wenigstens auf, unbedeutende Dinge zu kritisieren!«

»Und ich sage dir nochmals, daß, wen wir auch immer betrachten und wie, alles früher oder später Nutzen bringen wird. Das Ziel der Kritik besteht doch darin, das Dumme wie das Gute aufzuzeigen, und Gutes kann sich auch in vergessenen Folianten Bobrows, ja sogar Trediakowskis finden! Zudem schulen kritische Streitgespräche den Geschmack, sprachliche Normen gewinnen so an Festigkeit. Beim leisesten Hauch einer guten Kritik verbreiten sich sowohl unangebrachtes Lob von Freunden als auch ungerechtes Palaver der Neider; der Aufsatz mit der treffenden Einschätzung jedoch gelangt in die Hände der Liebhaber. Natürlich, ein jeder kann sich irren, nicht immer sind die Urteile der Kritik frei von Sünde, nicht alle Ansichten sollten verallgemeinert werden. In solch einem Falle muß man die stichhaltigsten Argumente einfach anders anordnen.«

»Bei uns ist es genau umgekehrt! Die Auffassung der Mehrheit neigt sich bei deiner Taktik auf die Seite des neidischen Palavers, weil nur sehr wenige fremde Reden nachplappern wollen! Jedenfalls ist dies meine Meinung!«

»Und ich bin davon sogar fest überzeugt! Gleichwohl, wenn auch nur fünf von hundert Leuten eine Sache richtig beurteilen, so ist das Anliegen erfüllt. Kurzum: Die Kritik ist verpflichtet, ungeachtet der Ränke des versprengten literarischen Kleinadels einem jeden genau das zukommen zu lassen, was ihm gebührt! Wie der segensreiche Nil mit seinem Hochwasser schädliche Insekten vernichtet, so belebt Kritik die Atmosphäre des guten Geschmacks. Sie benetzt die zarten Pflänzchen und hinterläßt auf den Feldern der Wortkunst ...«

»... nichts als Sand!«

»Wenn auch vielleicht nur Sand, so ist er doch goldhaltig. Sei es, wie es sei, wenn du alle Überheblichkeit und alle Scherze beiseite läßt, so mußt du ehrlich eingestehen, daß die Kritik ein Eckpfeiler der Literatur war und sein wird!«

»Und der Stein des Anstoßes für die Kritiker. Aber ...

»Wir sind da!« sagte der Kutscher, schüttelte sich und streckte die Hand aus. »Trink ein Gläschen auf die Gesundheit der Kritik!« sagte ich und gab ihm ein Zehnkopekenstück. »Sie ist ganz sicher eine gute Herrin!« brummte der Este und verbeugte sich. Wir betraten lachend die Poststation.

Die Stadtmauer von Visby

Narwa, zwei Uhr nachts, 9. Januar

Schließlich ließen wir jenes Land, das sozusagen der Boulevard für die Völker des Nordens in ihrem Streben, Rußland auszuplündern, gewesen war, hinter uns. Livland, dieses ewige Opfer der Eindringlinge, nährte für die Geschichte die blutige Erinnerung; die erste Kunde von seiner Existenz war längst nicht die erste von seinen Leiden.

Russen und Dänen, Polen und Schweden überzogen die Gebiete mit Vernichtung, die grausamen Ritter quälten ihre Bauern wie Heloten. Die Feinde nahmen ihnen alles, was sie wollten – und sie wollten alles. Ein jedes Gehöft glich einer Burg, jede Burg einer Festung. Die Mauern der Ritter wuchsen unter den Händen ihrer Vasallen, die Vasallen jedoch besaßen nicht einmal Hütten, in denen sie sich hätten verstecken können. Die Felder der Herren waren durchtränkt von ihren blutigen Tränen. Der Krieg versengte die Kornfelder, Hunger und Seuchen suchten die Bewohner heim. Schließlich fielen dem Stande der Hofleute, jenem schmutzigen Abschaum, Werk politischer Stürme, russische Storonschtschiki und Reiter zum Opfer. Auf den Handelswegen wimmelte es nur so von ihnen, und weder die eigenen Leute noch Fremde konnten einem Überfall entrinnen.

Doch wenden wir unseren Blick von jenen Schrecken, denen das Herz, entgegen unserem Verstand, keinen Glauben schenken will. Die Burgen, die das Land auspreßten, existieren nicht mehr, unter ihren Trümmern liegt die Feudalherrschaft begraben. Heute erweckt Ruhe Estland wieder zu neuem Leben, es gewinnt ganz allmählich jene Kräfte zurück, die in den sieben Jahrhunderten des Leidens aufgezehrt worden waren.

Estland war größtenteils von Esten (d.h. von Tschuden) bewohnt. In Livland insgesamt lebten sich zwar in ihrer Sprache, nicht aber in der Lebensweise voneinander unterscheidende Volksstämme. Liven und Letten (d.h. Latyschen) machten schon bald mit den Deutschen gemeinsame Sache, um sich ihre Landsleute zu unterwerfen – und entgingen doch dem gemeinschaftlichen Sklavendasein nicht.

Alle Bewohner Livlands, besonders die Esten, waren von einem grobschlächtigen und brutalen Menschenschlag, oft verwegen, stets heimtückisch. Im häuslichen Alltag den Tieren ähnlich, unvorstellbar ungebildet bezüglich des Kriegshandwerks, kannten sie weder Brustpanzer noch Befestigungsanlagen aus Stein. Amüsant war das Vorhaben der Semigallen, die an Seilen die erste steinerne Feste – von Meinhard, dem Prediger von Uexküll (Ikeskol), errichtet – in die Dwina ziehen wollten.

Nicht ein Skalde, nicht ein Erzähler aus dem Umfeld der Liven überlieferte nachfolgenden Jahrhunderten die Heldentaten seines Volkes. Seine glorreichen Taten verloschen gemeinsam mit dem Licht der Tage, die ihre Zeugen gewesen waren. Bei ihren Gegnern, den Deutschen, blieben lediglich einige Namen von Helden Livlands erhalten. Coupo, ein Mitstreiter Alberts, und Dabrel (aus Toreida/Treyden) waren livische Statthalter. Rusin (aus Sotekel/ Soteklo), Waridot (aus Ajtin) und Talibald (aus Bewerin) waren Letten, aber Lejbit (aus Leali) war ein Este. Letztgenannter erhob im Jahre 1214 ganz Estland gegen die germanischen Eindringlinge, bedrohte das Gebiet um Riga, riegelte die Dwina mit Speeren ab und steckte die Gebiete der Verräter, der Letten, in Brand. Doch das Schwert des Schicksals ist zweischneidig! Rameko und Drunwald, die Söhne des unglücklichen Talibald, der von den Esten gequält worden war, übten unter dem Banner der Ritter tausendfache Vergeltung an Lejbit und seinen Getreuen für den Tod des Vaters und der Verwandten. Mehr als einhundert Führer und viele tausend Esten fanden auf dem Scheiterhaufen oder unter grausamen Mißhandlungen den Tod.

Ich habe bereits an anderer Stelle darauf hingewiesen, daß die Esten sich jetzt bessere Sitten aneignen. Doch die Art, sich zu kleiden, die sich von der finnischen unterscheidet, sowie das häusliche Leben haben sich kaum verändert, sie scheinen aus der Urzeit ihrer Existenz zu stammen.

Helle Mondnacht lag über den Türmen von Narwa, lange Schatten auf den schneebedeckten Weiten. Als wir durch das düstere Tor, das dumpf vom Hufgeklapper unserer Pferde widerhallte, fuhren, erinnerte ich mich der letzten Belagerung Narwas. Es schien, als erblickte ich den Helden Scheremetjew mit dem Schwert in der Hand, wie er sich, mit einem Bein auf die Sturmleiter gestützt, an den Adjutanten Peters des Großen wendet und kaltblütig auf dessen Rückzugsbefehl entgegnet: »Richte dem Herrscher aus, daß ich jetzt nicht ihm, sondern der Nachwelt gehöre! Vorwärts!«

Und die Russen sind auf den Mauern der Stadt. Doch die Schlacht tobt auch noch innerhalb der Stadt weiter, die Schweden schlagen und schießen sich mit den Unsrigen in den Straßen, den Häusern, überall.

Ich ging zum Rathaus, in das der Große Peter hineineilte mit dem Schwerte in der Hand und, so erzählt man sich, im Ausbruch des Zornes dem Kommandanten eine schallende Ohrfeige gab.

»Dummkopf!« schrie er ihn an und warf sein Schwert auf den Tisch. »Sieh her, an ihm ist das Blut meiner Untertanen, vergossen deinetwegen! Du hast alle Schrecknisse des Angriffes vorhergesehen, wußtest, du würdest dich nicht halten können, und hast sinnlos unschuldige Bürger dem Rachedurst des Gegners ausgeliefert!«

Gegenüber dem Rathaus stieß ich unvermutet auf das gastfreundliche Haus des Großkaufmannes K., wo zwar sicher beileibe nicht der erste russische Reisende, wohl aber der beste Schriftsteller auf meiner Reise einen recht angenehmen Abend verbrachte.

Auf dem gezackten Dach des Domes und in den Fenstern der Häuser spiegelte sich das Licht des Vollmondes. Die Straßen sind in Narwa geradliniger, breiter und sauberer als in Reval, die Häuser gerade und gleichförmig. Unter einer hohen Brücke, die in die Oberstadt führt, hindurch fuhren wir durch das zweite Tor, das sogenannte »Wassertor«, auf die Brücke über die Narowa, und unseren Augen bot sich nach allen Seiten ein herrliches Bild. Die mächtigen Burgen der Johann- und der Oberstadt rechts und links der Narowa, ihre dunklen Mauern und mit Zinnen versehenen Türme, die Felsen und Klippen, die in den Fluß hineinragen – all diese gotischen Altertümer der Architektur des Krieges strahlen irgendwie etwas Düsteres und Wehmütiges aus.

Der Zeitpunkt der Gründung Narwas ist vollkommen unbestimmt. Livländische Historiker vermuten sie ungefähr um das Jahr 1221, doch fehlt ihnen jeglicher Beleg. Demgegenüber vertritt Lerberg die Auffassung, daß man bis zum Jahre 1280 nichts über diese Stadt in Erfahrung bringen konnte und daß sie erstmalig historisch in einem Schriftstück (von 1321) Erwähnung findet, das vom Dänenkönig Christoph II. unterzeichnet wurde. Will man ersteren Glauben schenken, so war Narwa bereits zweimal vom Orden an Waldemar II. abgetreten worden, und so ist es nur natürlich, daß nicht die Schweden, sondern die Dänen die Stadt errichteten. Die Johannstadt (Iwangorod) wurde von Russen unter Großfürst Iwan dem Großen erbaut. Beide Städte wechselten ständig den Besitzer, Belagerung folgte auf Belagerung, Schlachten lösten einander ab. Aus beiden Festungen, voneinander nur um die Weite eines Pfeilschusses entfernt, drohten die Russen den Deutschen oder versetzten die Deutschen die Russen in Unruhe. Schließlich besaßen die Schweden Narwa – doch auch unter ihrer Herrschaft setzte unser Feuer das Innere der Stadt mehr als nur einmal in Brand.

Morgen, bei Tagesanbruch – freut Euch mit mir, meine Lieben – werde ich mir den Narowa-Wasserfall anschauen.

Station Tschirkowitzy, 9. Januar

Ich nahm mir auf der Poststation zu Narwa ein Pferd und ritt hinaus zum Wasserfall. Nach ungefähr zwanzig Minuten in gemütlichem Trab hielt ich mein Pferd an:

Wo donnernd der Narowa Wassermassen
sich hoch vom Felsen fallen lassen.
Gemächlich bahnt sie sich den Weg, bricht Eis,
fließt stolz dorthin, wo Stromschnellen sie weiß.
Ihr Wellen, dichtgedrängt, ihr seid
wie Perlen einer Kette aufgereiht.
Verschämt, ja furchtsam, wie zum Kranz gewunden,
seid meinem Blick ihr unterdessen fast entschwunden
Doch da blitzt auf das Wasser wie Kristall
und stürzt hinab in wagemut'gem Fall!
Den harten Felsen sanft umspielen
die Wogen in dem Bilde wunderbar.
Es war ein Spiel mit Regenbogenfarben schillernd, klar
– doch als ein Pfeil von Feuer sie hinunterfielen!
Zur Sturmflut wurden diese Wellen jetzt, die vielen,
zersprengen dröhnend sie beim Sturz vom Felsenrand,

zu Gischt der funkelnden Juwelen Wand.
Und das Getös des Wasserfalles – hart –
sich mit dem Lärm des Strudels paart,
gräbt sich ins menschenleere Ufer ungehemmt,
die schreckliche Narowa tobt, noch nicht am Ziele
ist sie: Ruhe ist ihr fremd!
Und brodelt schließlich dort im Wehr der Mühle.

Der herabstürzende Fluß gabelt sich und bildet eine Insel, auf der zwei Sägemühlen stehen. Der Kopf dreht sich einem vom Getöse der Wellen! Sie stöhnen, wenn sie sich den Weg durch die kieselhaltigen Felsen bahnen, schlagen plätschernd über ihnen zusammen, und als schäumende Gischt, unter ohrenbetäubendem Brüllen, werden sie pfeilförmig weitergetragen. Die Fischer behaupten, unter den überhängenden Felsvorsprüngen befänden sich Höhlen, in die kein Wasser gelangen könne. Viele Wagemutige kämpften sich dorthin durch den tobenden Strudel schon hindurch und kehrten unversehrt zurück.

Doch richtet Euren Blick mit mir gemeinsam erneut auf den Wasserfall:

Die Wellen gleiten fort, sie ähneln schweren Tuchen,
einander scheinen sie in muntrem Spiel zu suchen:
Mal spritzen sie als glänzend goldne Garbe,
dann sieht man einen stolzen Regenbogen,
und schließlich flammt ein Strahl in greller Farbe,

entflieht – um zu verlöschen in der weißen
Gischten Wogen.

Und das ist ja immer noch längst nicht alles, meine lieben Freunde! Erinnert Euch daran, welch grandioses Schauspiel sich uns bei fünfzehn Grad Frost bietet, wenn sich die Sonne vieltausendfach in verschiedenartigen Eiskristallen bricht:

Gleich einem Spiegel der Najaden sieht man weit
den Wasserfall im eis'gen Winterkleid;
der Moose Reihen und der Efeuranken Fülle,
versteckt in einer schneekristallnen Hülle.
In Trauben stößt man hier auf Edelstein:
Von Tannen am Ufer, den Ästen im Tal
schimmern Rubine in großer Zahl.
Das Auge muß von ihrem Glanz geblendet sein!
Dies Bild voller Erhabenheit,
strahlendes Weiß der Winterzeit,
des Strudels kleine Hügel aufgereiht.
Der Tanz der Wellen und der Schwellen Beben,
der Sägen Summen und des Rades Knarren,
verzaubern die Gefühle, du spürst Leben.
Es scheint, von einem Flügelschlag, dem starren,
berührt von eines Zauberstabes Streich,
ward ich getragen in Armidens Reich
oder ins Prunkgemach, wo mich die Geister
narren.
Und in der Wolke schmelzendem Purpur,
rundum der Dunst von all den Spritzern nur,
der Wellen Nebel, silberklar.
All dies ruft falsche Hoffnung auf den Plan,

regt des Betrachters Phantasie zum Träumen an:
Fata Morgana stellt dem Geist sich dar.

Gleichwohl stellte ich fest, daß meine Vorstellungskraft, die nur daran gewöhnt ist zu fliegen, nicht aber zu schwimmen, ihre Schmetterlingsflügel gesenkt hat und daß Ihr daher möglicherweise bemerken werdet, daß auch meine Dichtung auf den Gefrierpunkt herabgesunken ist.

Während ich mich vom Wasserfall entferne, kann ich nicht aufhören, mich an ihm zu begeistern; doch plötzlich verdunkeln traurige Erinnerungen an das Unglück eines meiner Vorfahren wie eine Wolke meine zufriedenen Gedanken. Ich will Euch die Geschichte dieses Vorfalls so erzählen, wie sie mir von meinem Vater überliefert wurde. Eben dieses Ufer hier bildete ihre Kulisse.

Iwan der Schreckliche lebte nicht mehr, doch die schrecklichen Zeiten waren noch längst nicht vorüber. Streitäxte und Keulen der Opritschniki bedrohten zwar nicht mehr die Häupter der Bürger, doch quälte sie der Hunger, die Polen plünderten, die Schweden brandschatzten. Kurz und unglücklich war die Herrschaft Fjodors, er starb, und Zwietracht, geziert von den Grabzypressen der Staatsmacht, riß die Zügel an sich.

Die Zwischenherrschaft war nicht von langer Dauer. Der ehrsüchtige Godunow erschlich sich über einen von Gräbern gesäumten Weg den Thron der Söhne Rjuriks, und mit dem Blute des Uglitscher Zarensohnes besudelte er die schwankende Kugel der Fortuna. Schon schmiedete er Ketten, gab vor, die Krone auszuschlagen, und nahm sie schließlich, scheinbar widerwillig, doch an. Durch eine weise, doch unheilvolle Amtsführung kaufte er sich von seinen Missetaten los und vermochte dennoch nicht, seine Untertanen glücklich zu machen. Die Phiole mit dem Gifte der Selbstherrschaft lief über: Gift setzte dem stürmischen Leben Godunows ein Ende – und Rußland verwandelte sich in ein Räuberlager. Jedermann – Fremde wie Einheimische – marodierte, soviel er nur konnte. Die Polen, die Otrepjew protegierten, fielen in unsere Gebiete ein als Freunde – ihres eigenen Vorteils. Der Hof erkannte den falschen Demetrius als Zaren an; das Volk besaß lediglich die Freiheit, seine Ketten zu tauschen. Es schien ihm Glauben zu schenken, und blindwütige Greueltaten der Litauer wurden die Ehrenbezeugung bei der Thronbesteigung des Fremdlings.

»Es ist beschlossene Sache!« sprach zu eben dieser Zeit der Bojar Gedeon Bestushew. »Ich bin kein Diener Polens. Wer dem Schrecklichen nicht den Steigbügel gehalten hat, der wird sich auch dem Usurpator nicht beugen. Er hat vor sich die Krone, mit mir ist meine Ehre! Ich reite!«

So sprach er und verließ Moskau, um auf seine Besitzungen ins friedliche Luga zu reisen. Dort wollte er, als Familienoberhaupt und mildtätiger Gutsherr, über seiner Beschäftigung mit Fragen der Landwirtschaft die Sorgen des Vaterlandes vergessen, die er nicht zu mindern vermochte.

Seit langem schon der Schrecken der Ritter, kannte er Furcht nur bei seinen Widersachern.

Nicht nur einmal sah man ihn als ersten auf den zerstörten Mauern der Städte Livlands, mitten im tobenden Sturmangriff. In Kämpfen großgeworden, verabscheute Bestushew die Intrigen bei Hofe. Er suchte nicht die Zuneigung der Günstlinge zu erwerben und scheute auch des Zaren Ungnade nicht. Als erfahrener Krieger kämpfte er auf dem Schlachtfeld, als geradliniger Bojar sprach er auf stürmischen Wahlversammlungen die Wahrheit offen aus. »Wenn man jedoch dem Guten die Hände bindet, so will ich nicht dem Bösen dienen« – und wartete ruhig auf bessere Zeiten.

»Der falsche Demetrius ist gestürzt!« ertönte es von überall, und Gedeon feierte mit seinen Freunden.

»Nun kannst du mein Schwiegersohn werden!« schrieb er an den jungen Wsewolod Gorski. »Das ganze heilige Rußland feiert – sind wir denn etwa keine Russen? Meine Worte haben sich bewahrheitet, auch deine Hoffnungen werden in Erfüllung gehen. Komm zu uns! Jewpraksija, deine Verlobte, wird deine Frau werden!«

Wie der Wind eilte der feurige Wsewolod zur Geliebten seines Herzens. Bestushew nahm ihn in die Arme und sprach:

»Meine Kinder kämpfen in weit entfernten Armeen. Sei du an ihrer Statt nun mein leiblicher Sohn. Eine ganze Woche werden wir der Freude weihen, dann aber werden uns unsere Rosse erwarten, für das Schlachtfeld und den Dienst am Vaterland. Ich bin schon zu alt, mein Leben zu schonen, jedoch noch jung genug, um den Feinden unseres

Vaterlandes den Tod zu bringen. Heute ist Verlobung, und morgen wird die Hochzeit sein! Ich gebe euch meinen Segen!«

Ausgelassen prosteten die vom Zaren verliehenen Pokale den vergoldeten Bechern in den Händen von Gästen und Verwandten an der abendlichen Festtafel zu. Met, Wein und Liköre flossen in Strömen. Schöne junge Mädchen sangen Lieder zur wohlklingenden Gusli, Braut und Bräutigam konnten sich aneinander nicht satt sehen. Die Alten aber strichen über ihre Bärte, redeten von Waffen, Kettenhemden, Rossen und Kriegern, erinnerten sich früherer Zeiten und machten sich für künftige Schlachten bereit. Alle lärmten und freuten sich, feierten und waren ausgelassen. Becher mit Glückwünschen machten die Runde, Tamburine und Posaunen erklangen.

Plötzlich trat ein schwarzer Krieger in deutscher Rüstung, eine Pistole in der Hand, vor die Tafel.

»Niemand rührt sich von der Stelle«, rief er den erschrockenen Gästen zu, die von ihren Bänken aufgesprungen waren, »ich zertrümmere jedem, der auch nur die kleinste Bewegung macht, den Schädel!«

In den Türen und Fenstern blitzten Lanzen und Karabiner auf; Erstaunen und Furcht machten sich breit, die Stimmen erstarben.

»Erkennst du mich, Gedeon?« fuhr er fort, schob das Visier seines Helmes hoch und richtete drohende Blicke auf Bestushew. »Erkennst du in mir jenen Jüngling, den du in den Trümmern Linnewardens gefangengenommen und in Ketten bis nach Moskau geschleppt hast? Gleich einem wilden Tiere in eine unterirdische Grube geworfen, nährte mich fünf Jahre lang allein die Hoffnung auf Rache. Oh! Wie sehr verfluchte ich dich, als die russischen Armeen auszogen, um meine Brüder zu vernichten. Ich zerrte an den Ketten, konnte sie schließlich abwerfen und bin nun zu dir gekommen, um meine Schulden zu begleichen. Warum erweist du dem unerwarteten Gast nicht die Ehre? Oder soll ich etwa den Umtrunk eröffnen?«

Mit diesen Worten füllte er seinen eisernen Handschuh mit Wein, leerte ihn und reichte ihn Gedeon.

»Lange habe ich dich angehört, Fremder!« entgegnete Bestushew stolz. »An deinen Namen als Ritter erinnere ich mich nicht mehr – wie du als Räuber heißt, will ich nicht wissen. Ich diente meiner Heimat, führte den Befehl des Zaren aus. Gott ist sein Richter, nicht du. Glaube nur nicht, daß Rüstungen allein schon furchtlos machen! Deine Brüder sind auch in ihnen vor mir davongelaufen. Ich verachte dich auch unbewaffnet. Vor mir fielen Hunderte von deutschen Handschuhen mitsamt den Händen zu Boden – auch dieser hier hat auf dem Tische eines Bojaren nichts zu suchen. Da hast du ihn, elender Räuber!«

Und er warf ihn zu Boden.

»›Räuber‹ sagst du«, rief der schwarze Krieger wütend aus, »dabei war ich doch dein Schüler im Räuberhandwerk! Oder hast du wirklich die Belagerung Linnewardens vergessen, als deine gierigen Krieger durch Qualm und Flammen ins Haus meines Vaters eindrangen und meinen Geschwistern, kleinen Kindern, die Schädel an den Mauern zertrümmerten? Dein Schwert durchbohrte das Herz meines Vaters. ›Rache und Freiheit!‹ lautete sein Vermächtnis, mein einziges Erbe. Die großmütigen Russen vernichteten alles andere – sogar die Spuren meiner Schlösser verschwanden unter euren Eggen. Ihr habt den Orden vernichtet. Doch ich habe mit dem Kreuz noch längst das Schwert nicht niedergelegt! Dieses Schwert, gestählt in den Tränen Livlands, nährt sich seit dreißig Jahren von feindlichem Blute und wird sich auch an dem deinen satt trinken; jedoch nicht hier, nein! An jenem Ort, an dem du meinen Vater getötet hast, dort werde ich das Leben tropfenweise aus dir herauspressen und deine Asche über die Felder verstreuen. Bestushew! Ich war nicht umsonst Zeuge der unerhörten Grausamkeiten der Gefolgsleute des Zaren, als sie dem kriegsgefangenen Greis von Münster mit Ladestöcken die Augen ausbrannten und ihn mit Ruten folterten. Ich wiederholte all dies mit de la Gardie in Narwa und Wenden, den Tod meiner Freunde rächend, die lieber freiwillig in die Luft flogen, als sich von solchen Barbaren gefangennehmen zu lassen. Warum hast du nicht dort in einem ehrenvollen Kampf den Tod gesucht? Ich schwor, dich zu töten – du wirst ohne Ruhm sterben. Du Bösewicht nahmst mir die Freiheit, die Ehre und alles, was einem Menschen auf Erden teuer ist. Während meiner Gefangenschaft heiratete meine Verlobte einen anderen. Ich habe sie getötet, und nur du allein trägst die Schuld daran, daß Edgard von Schreiterfeld zu einem Räuber wurde. Die Verwünschungen aller sind jetzt meine Titel; ich richte sie auf dich und freue mich, daß du meine Sprache verstehst. Doch es wird Zeit! Rinecker! Rositten! Wulf! Bittet die Bojaren, die Gürtel abzulegen, und fesselt sie damit. Fort mit Samt und Stoffen, im Frühling ist es warm. Reiter! Nehmt von den Tischen Silber und Gold, von den Gästen Perlen und Edelsteine! Freimann! Stroh in alle Ecken, Schlingen an alle Dachrinnen! Zwei an den Galgen, die dritte an das Tor – verstehst du? Die alten Herrschaften sind das Pulver nicht wert, laß sie sich am Feuer wärmen. Sieh her, Gedeon! Einzig dieser Feuerstein hier blieb mir von meiner Eltern Haus, er teilt mit mir den Durst nach Rache!«

Mit diesen Worten schlug Schreiterfeld den Feuerstein gegen die Klinge seines Schwertes. Funken stoben empor, entzündeten Zunder und Stroh, und das Haus brannte lichterloh. Ringsum Schreie, Klagerufe und Schüsse. Die Hofleute plünderten und mordeten, das Dorf stand in hellen Flammen, und das Läuten der Sturmglocken verbreitete in der Umgebung Angst und Schrecken.

»Das ist mein Freudenfeuer, der Glockenklang ist dein Grabgeläut!« sagte Schreiterfeld mit teuflischem Grinsen zu dem gefesselten Gedeon, der wüste Verwünschungen gegen ihn ausstieß.

»Du solltest mir dankbar sein, daß ich ein solch gutes Gedächtnis habe. Von weither bin ich gekommen, um einen guten Freund bei der Hochzeitsfeier seiner Tochter zu erheitern. Auch um sie mußt du dich nicht sorgen – sie wird uns begleiten und sich an deinem Sterben freuen. Konrad! Bringe die Pferde für den Alten und die Schöne! Treimersen! Nimm zwanzig Draufgänger und die besten Pferde, du reitest mit den Gefangenen voraus. Vergiß nicht, du haftest mir mit deinem Kopf für ihre Vollzähligkeit! Stern wird dir sagen, wohin du gehen sollst und wo wir uns treffen werden! Eile!«

Durch den Wald tobte ein Sturm, Wolken zogen in langen schwarzen Reihen am Himmel entlang. Von Zeit zu Zeit fiel das bleiche Licht des Mondes auf die schwarzen Rüstungen der Hofleute und versteckte sich wieder hinter der zerrissenen Wolkendecke. Ferner Donner mischte sich in das Getöse des Wasserfalls der Narowa, dem sie sich langsam näherten. Alles kündete von einem baldigen Sturm.

»Hauptmann!«, sprach der Reiter Stolz zu Schreiterfeld. »Hier ist die Stelle, an der sich unsere gesamte Standarte sammeln soll!«

Der Ataman hielt sein Pferd an. »Absitzen!« kommandierte er. »Macht Feuer, Kameraden! Die Rosse auf den Weideplatz, die Wachen an die Straße, ruht euch aus.«

Auf einer Lichtung unter jahrhundertealten Kiefern loderten die knisternden Äste auf, die wilden Gesichter der Hofleute zeichneten sich im Feuerschein durch den Rauch hindurch ab wie Erscheinungen böser Geister. Die einen sattelten die Pferde ab, andere brieten auf ihren Pallaschen Fleisch. Wein floß in Strömen, dröhnendes Gelächter verhallte im Wind.

Finster lag der Ataman, in seinen Mantel gehüllt, am Feuer, seine bösen Blicke wanderten unstet in der Umgebung herum, so, als suchten sie jemanden.

»Das ist schier unbegreiflich!« rief er schließlich aus. »Das ist unverzeihlich! Treimersen hätte schon lange vor uns hier sein müssen und ist noch immer nicht hier! Entweder hat er sich verirrt, oder er wählte einen Umweg – doch in beiden Fällen hat er den Galgen verdient!«

»Wer da?« ertönte es auf der Straße.

»Freund!« gab eine Stimme zur Antwort.

»Das ist er, das ist Treimersen!«

Nein! Alle hatten sich getäuscht. Der Mann in der Rüstung sprang vom Pferd, löste in aller Ruhe die Sattelriemen, nahm seinem Bukephalos den Sattel ab und trat an das Feuer heran. Es war einer der Hofleute, Fromhold mit Namen.

»Seid gegrüßt, Freunde! Guten Tag, Hauptmann! Wo hast du dich denn herumgetrieben? Oho! Ihr habt ja hier ein gewaltiges Festmahl, Wodka sehe ich da und Wein. Bravo, Kameraden! Das kommt meinem leeren Magen sehr gelegen! Auf euer Wohl! Heute war ich schon derart vom Fleische gefallen, daß ich das Schultergehänge doppelt festschnallen mußte aus Furcht, es zusammen mit dem Pallasch zu verlieren.«

Während er so plauderte, ließ er Hände und Zähne fleißig arbeiten.

»Eine seltsame Sache!« fuhr Fromhold fort. »Vor dem Abendessen wackelte mein Körper in der Rüstung hin und her wie eine vertrocknete Nuß in ihrer Schale, jetzt aber muß ich die Schnalle mehr und mehr lokkern. Kamerad Herrmann! Erweise mir den Freundschaftsdienst und gib meinem Hengst Hafer, er jagte gestern dahin, als drohe auch ihm der Galgen!«

»Bitte sage mir, woher du kommst!« fragte ihn Schreiterfeld.

»Nichts leichter als das, Hauptmann! Fast aus der Schlinge! Ich wollte mit einem reichen schwedischen Edelmann ins Geschäft kommen. Da ich seine Sprache beherrsche, gelangte ich auf sein Gehöft, ungefähr vierzig Werst von Narwa entfernt. Dort gab ich vor, ein schwedischer Offizier auf der Reise von Nøteburg nach Reval zu sein. Zunächst verlief auch alles reibungslos. Es wurde dunkel, und ich sollte dort übernachten. Heimlich sattelte ich mein Pferd, machte die Schatzkammer ausfindig und wollte gerade noch mit Hilfe meines Pallaschs eine eisenbeschlagene Truhe von äußerst anziehendem Äußeren zwingen, sich zu ergeben, als ich plötzlich im gesamten Haus Lärm hörte. Ich sah, daß man mich entdeckt hatte, sprang aus dem Fenster und erwartete das zweifelhafte Vergnügen, von einer Lanze durchbohrt zu werden. Ich gab meinem Rappen die Sporen, und über den Graben ging es, quer über die Felder, auf und davon. Da ich wußte, daß unsere Krieger an diesem Platz des öfteren ihr Lager aufschlagen, bahnte ich mir durch das Unterholz den Weg bis hierher – und dieses Mal hat mich mein Instinkt nicht getäuscht! Ein prächtiges Abendmahl, insbesondere für den, der nur in Gedanken zu Mittag gegessen hat. Ich gehe jede Wette ein, daß dies eine kleine Gabe russischer Kaufleute ist!«

»Direkt von eines Bojaren Tafel, lieber Fromhold! Direkt aus Luga!« gab Freimann zur Antwort.

»Aus Luga? Soll das ein Scherz sein, oder machst du dich über mich lustig? Dorthin zu gelangen ist ein Leichtes, zurückzukehren jedoch verdammt schwierig!«

»Und es ist dennoch nicht unmöglich!« sagte Schreiterfeld. »Ich stattete schon öfter den russischen Grenzen einen Besuch ab und hatte mir fest vorgenommen, in Luga den Hofleuten Beute und mir Vergnügen zu verschaffen. Durch Wälder und über Zäune schlichen wir uns an das Dorf eines Bojaren an, mit dem ich noch eine alte Rechnung offen hatte. Er feierte gerade die Verlobung seiner Tochter. Meine Reiter umstellten das Haus, in dem noch niemand etwas von der Gefahr ahnte. Du hättest das Bild sehen sollen, als ich unter den feiernden Gästen auftauchte! Rausch und Entsetzen drückten sie auf ihre Plätze, ihre Hände umkrampften die Gläser, Gelächter und Ausgelassenheit waren wie weggeblasen.«

»Du kamst wie ein Blitz aus heiterem Himmel?« unterbrach ihn Fromhold lachend.

»Aber ich brachte ihnen höllische Neuigkeiten!« setzte der Ataman hinzu. »Nachdem sie ihr Urteil vernommen hatten, wagten es viele, mich zu verfluchen. Doch Blei verschloß ihnen die Kehle. Geschrei, Stöhnen, Weinen, Schüsse – mit einem Wort, mein Herz konnte sich gar nicht genug freuen. Nach der Beute mußt du die Reiter fragen: Stoffe, Silber soviel du magst, in Wein badeten selbst unsere Pferde. Und für den Weg zündete ich mir solche Fackeln an, daß man noch in zwanzig Werst Entfernung die grauen Haare in meinem Barte zählen konnte.«

»*Wer da?*« rief der Wachhabende. Niemand antwortete. Fromhold zog den Pallasch zu sich heran, der Ataman legte die Hand an den Kolben des Karabiners. Wind kam auf und trieb dichte Regenwolken vor sich her.

»Der Teufel soll mich holen, wenn du nicht Gespenster gesehen hast!« wandte sich Fromhold an den Wachhabenden und warf trockene Zweige ins Feuer. »Vor lauter Tapferkeit rufst du jede Krähe an, die dich aufschreckt! Wer hat schon Lust, in einer Nacht wie dieser durch das Dickicht zu spazieren? – Und Ihr kamt also binnen zweier Tage hierher?« Diese Frage galt Schreiterfeld. »Warum aber wähltest du einen so weiten Weg nach Linnewarden? Fürchtest du Verfolgung oder die Litauer?«

»Bleib stehen!« unterbrach ihn der Ataman. »Mir scheint, ich höre Pferdegetrappel!«

Fromhold legte das Ohr an den Waldboden.

»Ja, wahrhaftig! Auf, Gefährten!« donnerte Schreiterfeld los, und die Hofleute standen auf wie Schatten. Der Hufschlag kam näher.

»Gut Freund!« gaben drei Reiter, völlig außer Atem, auf den Anruf des Wachhabenden zur Antwort. Sekunden später standen sie bereits vor dem Ataman.

»Endlich seid ihr da!« rief dieser freudig aus, als er die halbtote Jewpraksija in ihrer Begleitung erblickte. »Doch wo ist Treimersen? Wo sind die anderen?«

»Alle sind tot«, gab Tillein zur Antwort, »ermordet. Der verfluchte Bräutigam dieses Mädchens ist, weiß der Teufel wie, dem Galgen entgangen, scharte Diener und Soldaten um sich, ritt voraus und schnitt uns den Weg ab. Es ging heiß her, unsere Kameraden fielen – der Alte konnte sich retten, wir drei jedoch entkamen mit der Tochter.«

»Was!« schrie Schreiterfeld und knirschte mit den Zähnen. »Sie haben ihn befreit? Sie haben ihn mitgenommen? Ihr Geister der Hölle! Wann endlich hört ihr auf, euer Spiel mit mir zu treiben? Dreißig Jahre lang suchte ich ihn, fand ihn und verlor ihn im selben Moment wieder! Dich jedoch, Jewpraksija, wird keine Macht der Welt meinen Händen je wieder entreißen. Du wirst mir für deinen Vater bezahlen!« Ganz langsam lüftete er ihren Schleier und weidete sich am Entsetzen des unschuldigen Opfers. Vergeblich umklammerte sie die Knie des Barbaren, umsonst flehte sie ihn an. Weder Tränen noch Jugend noch Schönheit konnten den abgefeimten Bösewicht umstimmen. Er lachte höhnisch, spannte den Hahn seiner Pistole, zog Jewpraksija zu sich heran, um sie an einen Baum zu fesseln.

»Hundertfach soll dein Vater in dir sterben, bis ich ihm die Seele aus dem Leibe reiße!« stieß er hervor. »Ah! Halt! Der Verlobungsring!« Der Räuber riß ihn von der Hand der Unglücklichen. »Er wird dich mit dem Tode vermählen! Er ist dir lieb und wird nun in deinem Herzen sein!«

Mit diesen Worten nahm er den Ring und steckte ihn in den Lauf der Pistole.

»Dein Flehen ist vergebens!« fuhr Schreiterfeld fort und legte an. Der Schuß fiel, und – Jewpraksija war tot.

»Tötet die Räuber!« ertönte plötzlich eine unbekannte Stimme. Von allen Seiten fielen Schüsse. Wsewolod durchbrach mit seinen berittenen Kriegern den Kreis der überraschten Hofleute.

»Herzlich Willkommen!« rief ihm Schreiterfeld zu und streckte auf der Stelle zwei der Angreifer mit seinem Karabiner nieder. »Zu mir, Kameraden!«

Seine Klinge blitzte auf. Das Gemetzel war grauenhaft. Rosse und Reiter fielen übereinander her, Blei streckte die Unerschrockenen nieder, an den Rüstungen zerbarsten Säbel, durch die Luft wirbelten die Funken der Schwerter und Teile zertrümmerter Rüstungen. Lodernde Flammen warfen ihr Licht auf die Sterbenden. Die Umgebung bebte von Tollkühnheit und Rache, das Donnern der Erde kämpfte gegen das Donnern des Himmels an.

Schließlich neigte sich der Sieg der gerechten Seite zu. Die Hofleute, die in ihren schweren Rüstungen nicht beweglich genug waren, glitten auf dem feuchten Grase aus und wichen zurück. Von ihrer gesamten Standarte waren nur sechs am Leben geblieben, Schreiterfeld wehrte sich verbissen.

»Freimann!« schrie er einem der Kämpfenden zu. »Denk an Linnewarden, und werde deinem Wahlspruch nicht untreu: ›Frei lebten wir, und frei müssen wir auch in den Tod gehen!‹«

Doch Freimann fiel von Bestushews Hand. Dieser kannte ja sein Schicksal noch nicht und suchte überall verzweifelt nach Jewpraksija. Der junge Wsewolod zertrümmerte mit einem einzigen Hieb seiner Streitaxt Schwert und Hinterflug der Rüstung Schreiterfelds.

»Ergib dich, du Übeltäter!« forderte er und nahm die Streitaxt wieder auf. »Ergib dich, oder du stirbst unbewaffnet!«

»Aber unbesiegt!« entgegnete der Ataman, stürzte sich auf Wsewolod und packte ihn mit eiserner Hand. Lange rangen sie miteinander am schlüpfrigen Ufer.

»Stirb mit mir gemeinsam!« stieß Schreiterfeld hervor, und beide stürzten in den Abgrund.

Die Frühlingssonne ging auf, ihr Licht fiel auf den unglücklichen Vater neben dem Leichnam der Tochter. Er weinte bitter, doch machte er schließlich seinen Frieden mit dem unerforschlichen Schicksal und verließ das Tal des Todes. Schon bald darauf fiel er unter Posharskis Fahnen für die Heimat.

»Bis zum heutigen Tage«, so berichtet die Legende voller Furcht, »erhebt sich zu mitternächtlicher Stunde, wenn Blitze sich in den schwarzen Wellen der Narowastromschnellen spiegeln, über dem Fluß ein schreckliches Phantom, und die Schatten der Krieger geistern über das Feld. Dort aber, wo der Mord geschah, wo unschuldiges Blut vergossen wurde, dort wächst kein Grashalm, keine Schwalbe baut sich dort ihr Nest.«

Langsam, voll wehmütiger Gedanken, verließ ich die Stromschnellen, und das ferne Rauschen des Wasserfalles ließ in meiner Erinnerung den Widerhall des längst und unlängst Vergangenen lebendig werden.

»Du wirst bereits erwartet!« sagte der General zu mir, und schon ging es weiter. Wir sind in

Tschirkowitzy, nur noch vier Stationen von Petersburg entfernt.

Was soll ich über die Straße und die Poststationen berichten? Sowohl Russen als auch Deutsche ließen uns – wie überall – teuer bezahlen. Das ist kein Wunder, doch kam es vor, daß sie uns sehr schlecht bewirteten – und das ist unangenehm. Unsere liebenswürdigen Landsleute und die Esten ließen keine Gelegenheit aus, lange Finger zu machen, wenn etwas ungünstig lag. Doch nur auf der Hinfahrt traten Verluste auf, jetzt ist alles vollständig. Ich habe nicht die geringste Ahnung, wie dieses Phänomen zu erklären ist! Entweder sind wir vorsichtiger geworden oder die Reisebegleiter ehrlicher.

Als Gastgeschenk, meine lieben Freunde, bringe einige Revaler Hörnchen mit.

»Was ist denn das«, fragt Ihr? Ehrlich gesagt, eigentlich nichts Besonderes. Es handelt sich um nicht mehr und nicht weniger als um ein Brötchen! Doch wenn Ihr Euch die Mühe machen wollt, es mit dem verehrten Altertumsforscher, Herrn H., zu betrachten, so wird das Hörnchen mit seiner eckigen gotischen Form sicher nicht den letzten Platz zwischen Euren Semmeln und Wecken einnehmen, ein wichtiges Verbindungsglied zum Ursprung der Völker darstellend.

Krasnoje Selo, acht Uhr abends

Unsere Begleiter sind nach Zarskoje Selo geritten, ich aber trinke hier mit meinem Bruder Tee. Noch zwei Stunden, und ich bin in Petersburg! Je näher ich der Stadt komme, desto stärker verspüre ich in mir den Wunsch, Freunde und Verwandte wiederzusehen. Und auch das Herzklopfen wird immer heftiger! Es ist schön, zu Gast zu sein, doch wo ist es schöner als daheim? So kehrt auch ein in die Lüfte entsandter Pfeil vom klaren Himmelszelt zurück, und schnell, schnell strebt er der heimatlichen Erde zu.

Ich sitze am Fenster, und beim Sinnieren über Zukünftiges und Vergangenes fällt mir plötzlich ein, daß ich vor einem halben Jahr während eines Manövers nicht weit von hier fast ertrunken wäre!

Gegen acht Uhr abends kam ich zu Pferde aus Krasnoje Selo und wollte über eine Abkürzung in das Dorf zurückreiten, in dem unsere Schwadron stationiert war. Ich kam vom Wege ab und ritt aufs Geratewohl. Ihr wißt ja, daß Petersburg von unterirdischen Sümpfen umgeben ist, auf denen schwimmendes Moos und Pflanzen festen Boden vortäuschen. Ich bemerkte nicht, daß mein Pferd einzusinken begann, und trieb es immer weiter an. Schließlich machte es einen letzten Satz nach vorn, brach aus und sank ein. Durch das Gras getäuscht, glaubte ich, mit drei Schritten das rettende Ufer erreichen zu können. Ich brachte das Pferd mit den Sporen dazu, vorwärts zu springen und mich wieder aufsitzen zu lassen. Zu spät erkannte ich meine Unvorsichtigkeit! Meine Stimme würde in dieser menschenleeren Umgebung ungehört verhallen – und ich wußte dies. Mir brach der kalte Schweiß aus, die Haare standen mir zu Berge, in meiner Vorstellung nahmen alle Berichte über ähnliche Unglücksfälle Gestalt an. Mein Pferd riß an den Zügeln und schlug aus, das Wasser schoß wie eine Fontäne aus den Sumpflöchern hervor und gluckste unter der Oberfläche – die Umgebung geriet ins Wanken, die bodenlose Tiefe zog mich hinab. Auf eine solche Art zu sterben und so jung – furchtbar!

Schließlich sprang ich vom Pferd. Obwohl ich jede Minute selbst versinken konnte, wollte ich doch meinen Gefährten im Unglück nicht dem Untergang preisgeben. Ich ermunterte ihn durch gutes Zureden und mit dem Zügel. So gelangte ich schließlich doch noch mit frohem Herzklopfen auf festen Boden. Könnt Ihr Euch vorstellen, welch Fest das für mich war, welch glückliches Ereignis für mein Pferd!

Warum nur gelingt es mir nicht, meine Gefühle wie Rousseau zu Gedanken zu formen und diese dann zu Wortkunstwerken zu verknüpfen? Meine Erzählung würde zu einer Kette aus lauter Edelsteinen!

Sei es, wie es sei, hier habt Ihr die Schilderung meiner dreiwöchigen Reise – wie sie war und ist.

Es ist durchaus möglich, meine Freunde, daß es in zwanzig Jahren, vielleicht ja auch eher, wenn wir uns wie früher zu einem Zirkel zusammenfinden werden, jemandem in den Sinn kommt, dieses Euch gewidmete Heft meiner frühen Verirrungen aufzuschlagen, und daß dann ein Lächeln der Erinnerung auf meinem Gesicht auftauchen wird. Nüchterne Erfahrung wird mir über die Schulter schauen und zu Recht sagen: »In vielem irrtest du, hier steht viel Überflüssiges!«

Nachwort

I

»Die östlichste Provinz des deutschen Landes ist seit je die ergiebigste Quelle eigenartiger Menschen und Begebenheiten gewesen.«
Alfred Brust, »Die verlorene Erde«

Eine Landschaft kann Gedanken in Bewegung setzen. Am Strand fällt der Blick auf das morgendliche Reval. Blendend weißer, weicher Sand, das glitzernde Meer zwingen die Augen zu blinzeln. Vor einem weiten, fahlen Horizont die Silhouette: Schmale Giebel, steile Dächer, gotische Türme einer mittelalterlichen Stadt überragen mächtige Bastionen. Das hohe Haupt der ehrwürdigen Olaikirche, die spitzen Türme des Rathauses und der Heilig-Geist-Kirche, das alte Ordensschloß Tompea mit dem »Langen Hermann« und die »Dicke Margarete«, die trutzige Strandpforte, die den Zugang vom Hafen her sicherte, zeichnen sich ab.

Vor achthundert Jahren hat das wohl so ähnlich ausgesehen. Ein Ordensritter, ein schwedischer Söldner oder ein Lübecker Kaufmann könnten hier an der Küste gestanden und die Stadt betrachtet haben. Erst gut einhundertundsiebzig Jahre ist es her, daß der dreiundzwanzigjährige russische Gardeoffizier und angehende Schriftsteller Alexander

Bestushew (1797–1837) im tiefsten Winter aus St. Petersburg den mühevollen und nicht ungefährlichen Weg nach Reval mit dem Pferdeschlitten antrat.

Das ist damals, 1820, eine Reise in eine fremde Region. Der junge Offizier hatte sein Vaterland nicht verlassen, Reval war eine russische Stadt. Dennoch waren die Blicke, die Gedanken, die Gefühle des jungen Dekabristen besonders geschärft, fasziniert, als wäre er in ein fernes Land aufgebrochen. Ein Zeitgenosse Bestushews, der Dichter Wjasemski, kleidete die seltsam verfremdete Befindlichkeit vieler Russen beim Aufenthalt in Reval während des 19. Jahrhunderts in die Worte: »Man ist dort nicht auf dem Lande, nicht in der Hauptstadt, nicht in Frankreich, aber auch nicht in Rußland.«

Im 19. Jahrhundert nannten die Russen Reval die »gotische Stadt«, in deutschen Publikationen ist von der Stadt »am Rande des Abendlandes« die Rede. Beide Bezeichnungen enthalten mehr als ein Körnchen Wahrheit. Auf der Weltkarte des Ptolemäus (2. Jh. n. Chr.) wurde Osteuropa von der Weichsel bis zur Wolga nach einem nomadischen Reitervolk – den Sarmaten – benannt. Für unseren Zeitgenossen Johannes Bobrowski ist »Sarmatien« eine Welt des Grenzraumes, eine Region des Aufeinanderprallens, eine Sphäre schmerzlicher Erfahrungen und Widersprüche, aber auch ein Bezirk der Begegnung und fruchtbarer gegenseitiger Durchdringung. Diese Umschreibung trifft auf das Umfeld zu, in dessen Wirkung und Gegenwirkung Reval entstand.

Das Baltikum, das mittelalterliche Großlivland – wohin Reval geographisch gehörte – stand unter Spannungen übergreifender Interessen und war oft Ausgangspunkt und Austragungsort bedeutender internationaler Konflikte. Als Deutschland im 13. Jahrhundert seine Interessen in jene Gebiete vorschob, gab es dort Aktivitäten Dänemarks, Schwedens, Rußlands und Litauens.

Bis an den Beginn des 13. Jahrhunderts müssen wir in der Geschichte zurückgehen, um die Anfänge dessen aufzuspüren, was Bestushew in Reval entdeckte, begeistert begrüßte oder leidenschaftlich ablehnte. Papst Innozenz III. rief zur Christianisierung der baltischen Gebiete auf. Vor allem aus dem Rheinland und aus Westfalen zogen Ritter und Vasallen gen Osten. Sie siedelten sich auch in Reval an. Livländische Kreuzfahrer erhielten auf dem Domberg, mitten im heutigen Reval, Stadthöfe. Fast zur gleichen Zeit gründeten Kaufleute aus Lübeck und Bremen in der Nähe der Olaikirche Niederlassungen, Stützpunkte für den Handel mit Rußland. Vor ihnen hielten sich schon russische Kaufleute in dieser Gegend auf.

Erfahrungen und Gewohnheiten aus der Heimat ließen die Befestigungen und Burgen an der baltischen Küste denen am fernen Rhein sehr ähnlich geraten. Die folgenden Jahrhunderte – das 14., 15. und 16. – erforderten immer wieder den Ausbau der Verteidigungsanlagen. Bei den Bürgern wurden dafür »Wallgelder« eingetrieben. Auf diese Weise errichtete man die Bauten in der Fremde oft viel mächtiger als in der Heimat. Die Stadtmauer von

Reval war mehr als doppelt so hoch und breit wie die von Nürnberg.

Kaufleute, Geistliche und Mönche schufen Dom, Kirchen, öffentliche Gebäude und andere Bauten in Reval nach dem Vorbild ihrer Mutterstädte, vor allem nach dem Beispiel von Lübeck. Die meisten steinernen Zeugnisse überdauerten in dieser Stadt die Jahrhunderte. »Im baltischen Gebiet vermag noch heute Reval ein besseres Bild einer norddeutschen mittelalterlichen Großstadt zu geben als sogar Lübeck«, schrieb ein Baltenhistoriker in den dreißiger Jahren.

Die fast unversehrte Existenz des mittelalterlichen Reval, das Bestushew vorfand und das es bis in unsere Tage gibt, ist um so erstaunlicher, weil auf diesem historischen Boden im Verlauf von acht Jahrhunderten viele verschiedene Völker Fuß zu fassen versuchten und dabei ihre Spuren hinterließen. Das (verschwindend!) kleine Volk der Esten – um 1200 gab es einhundertundsechzigtausend Lettgallen und Esten, das sind zwei Menschen pro Quadratkilometer – bewahrte über die historische Distanz seine Identität. In die europäische Geschichte trat Estland am 13. Juni 1219, als der dänische König Waldemar II. landete und zwei Tage später die Esten schlug – Beginn vieler Jahrhunderte Fremdherrschaft. Die Landung Waldemars II. war nur eine Komponente europäischer Geschichte. Den Hintergrund bildete die mit der Erstarkung Lübecks und Visbys (auf Gotland) einsetzende stürmische Entwicklung der Hanse. Von Lübeck über Gotland bis nach Nowgorod entwickelten sich intensive Handelsbeziehungen. Es ist eine Stärke von Bestushews Darstellung, daß er bemüht war, seine Betrachtungen über Reval in einen größeren europäischen Rahmen hineinzustellen.

Die Hansestadt Visby, deren dreitausendsechshundert Meter lange Stadtmauer von achtunddreißig Türmen geschützt ist, die man heute noch besichtigen kann, war für Kauffahrer ein wichtiger Stützpunkt auf dem Wege nach Reval. Russische Kaufleute besaßen dort bereits feste Gebäude, als im Winter 1191 auch deutsche Kaufleute zum ersten Mal ihr Winterquartier in der Nähe der Olaikirche bezogen. Das war noch nicht die Olaikirche, die wir heute kennen. Hundert Jahre vor Gründung der Stadt Reval existierte an dem exponierten geographischen Punkt bereits eine Siedlung. Zum erstenmal 1154 erwähnt eine arabische Quelle die große Festung mit wechselnder Bevölkerung. Der Hafen Reval – im Gegensatz zu solchen Häfen wie Hamburg, Lübeck, Rostock, Danzig direkt an der See gelegen – war besonders begehrt. Auf dem Westufer des Wolchow in Nowgorod gab es schon 1184 eine »Kaufmannsseite« mit dem Peterhof, von wo aus deutsche Kaufleute ihren Rußlandhandel organisierten.

Neben die Aufschließung durch Handel trat die militärische und geistig-kulturelle Umfassung Estlands, 1224 hatte die vom Bischof Albert von Riga gegründete »Bruderschaft Christi in Livland« ganz Estland fest in Händen. Der Deutschritterorden und seine livländische Abteilung, der »Schwertbrüderorden«, waren mehr als nur eine militärische Komponente beim Zustandekommen des multikulturellen Reval seit dem 13. Jahrhundert. Die dänische Herrschaft konnte sich dagegen nur wenig mehr als ein Jahrhundert behaupten, dann fiel 1346 der dänische Besitz an den Deutschen Orden. Bis heute existiert jedoch – eine Revaler Marginalie – am Ordensschloß ein »Garten des dänischen Königs«.

Zweihundert Jahre herrschte der Orden in Reval. Der Schwertbrüderorden hielt sich an die Lebens- und Kleidungsregeln der Zisterzienser. Die Ordensbrüder trugen weißen Rock und Mantel, auf der Brust ein rotes Kreuz und darunter ein mit der Spitze nach unten gerichtetes rotes Schwert. Religiöse Zielsetzung war die Bekehrung der Heiden, der Orden hatte aber auch politische Ziele.

Da gibt es die rücksichtslose »Bekehrung«. 1343 bis 1345 kam es zu großen Unruhen estnischer Bauern, die sich gegen soziale Abhängigkeit zur Wehr setzten. Der Aufstand wurde blutig niedergeschlagen und soll zehntausend Esten das Leben gekostet haben. Da gibt es den Vorwurf, daß der Orden »seine Missionsaufgabe zugunsten der Landnahme hintangestellt« habe. Die Schlacht auf dem Peipussee (1242) ist aus heutiger Sicht eine sinnlose, vom Orden provozierte militärische Unternehmung gewesen. Auf der anderen Seite ist Ritterorden aber auch die großartige gotische Architektur der Marienburg und die weise Politik eines Wolter von Plettenberg (1494–1535), die den Handel mit den östlichen Nachbarn förderte und zu wirtschaftlicher Blüte führte; nicht zuletzt weisen Historiker darauf hin, daß der Orden in Livland nicht der unumschränkte Alleinherrscher gewesen ist. Das Land, in das der Orden vordrang, verfügte bereits über gefestigte politische Strukturen: selbstbewußte Städte, eine starke ritterliche Vasallenschaft, Bischöfe, Domkapitel. Schon im 14. Jahrhundert hatten sich Städte in Landtagen organisiert.

Kaufleute und Städte waren Verbündete des Ritterordens. So wurden zum Beispiel die Transporte von Ritterheeren über See von Schiffen der Kaufleute übernommen. In den Missionsgebieten waren Kaufleute und Handelskapital zuerst wirksam. Nach Lübeck (1158) wurde Riga 1201 gegründet, wurde damit die zweitälteste deutsche Stadt an der südlichen Ostseeküste. Nach Rostock (1218), Wismar (1229) und Stralsund (1234) erhielt Reval bereits 1248, also noch vor Greifswald (1250), lübisches Stadtrecht.

Es muß heute schwerfallen, sich die Position einer selbstbewußten und mächtigen Stadt im 14., 15. oder 16. Jahrhundert, als es keine starke Zentralgewalt gab, in aller Konsequenz vorzustellen. Revals starke Position im Ostseeraum wurde auch durch seine enge Verbindung mit dem Nowgorod-Handel begründet. Die Stadt hatte eine Oberschicht ortsansässiger deutscher »Fernkaufleute«, aus deren Kreis Ratsherren und Bürgermeister gewählt wurden. Zur Mittelschicht gehörten Kleinkaufleute und Handwerker, die vor allem Deutsche, aber teilweise auch Esten waren. Vorwiegend jedoch bildeten die Esten die Unterschicht der Tagelöhner und Dienstboten. Im späten Mittelalter wurden sie zunehmend benachteiligt. Für »Undeutsche« galten rechtliche und soziale Einschränkungen, Hausbesitz etwa und der Zugang zu angeseheneren Berufen waren ihnen verwehrt.

Von dem permanenten Machtwechsel – nacheinander herrschten der dänische König, der Deutsche Ritterorden, der schwedische König und ab 1721 der russische Zar – ist Reval lange Zeit relativ unberührt geblieben. Das betraf auch die Bevölkerungsstruktur und spricht gegen die Vorstellung, daß der Deutsche Ritterorden »mit Feuer und Schwert« die Ureinwohner Livlands ausgerottet habe. Sechshundert Jahre nach der Gründung der Stadt reiste Bestushew nach Reval und fand eine Bevölkerung vor, die zu einem Drittel aus Esten, fast zur Hälfte aus Deutschen und zu ungefähr einem Fünftel aus Russen bestand.

Allen Wandlungen im Verlaufe von Jahrhunderten zum Trotz hat Reval sehr lange seine hanseatische Grundstruktur, seine engen Bindungen zu Westeuropa bewahren können. Bis in die siebziger Jahre des 19. Jahrhunderts war, wie die Ratsprotokolle im Stadtarchiv beweisen, die Amtssprache in Reval Deutsch. Die Namen der Kirchen und die deutschen Inschriften auf den Grabplatten in diesen Kirchen aus vielen Jahrhunderten unterstreichen das eindrucksvoll. Reval war – um den von uns zitierten Ausspruch Wjasemskis zu variieren – nicht Deutschland, aber auch nicht der Ordensstaat, Schweden oder Rußland. Reaktionen auf Ereignisse in Deutschland erfolgten in Reval zu verschiedenen Zeiten unterschiedlich intensiv. In der ersten Hälfte des 16. Jahrhunderts führte die Reformation in Reval, das zu dieser Zeit dem Ordensstaat angehörte, zu folgenreichen Veränderungen. 1524 wurden alle Katholiken der Stadt aus der Unterstadt in die obere Stadt, den sogenannten Dom, verwiesen oder vertrieben. Im September des gleichen Jahres fand ein regelrechter Bildersturm statt, der die Katharinen-, die Olai- und die Heilig-Geist-Kirche traf. Tiefer reichende Veränderungen zeigte das Verhalten dominierender Bürgerschaftsorganisationen im Zusammenhang mit der Reformation in Reval an. Die Bruderschaft der Schwarzhäupter, die seit 1399 in Reval bestand, hatte bereits vor dem Bildersturm ihre über Jahrhunderte dauernden Verbindungen zum Dominikanerkloster abgebrochen und »alle Sachen, Kleinode und Geschmeide« aus dem Kloster zurückgefordert. Die Schwarzhäupter und die Brüder der Großen Gilde nahmen schon am Fronleichnamstag, am 26. Mai 1524, nicht mehr an der großen Prozession teil, die sich vom Dominikanerkloster aus (zum letzten Male!) durch Reval bewegte. Gleich nach dem Bildersturm erließ der Rat der Stadt die vom Prediger Hermann Marsow verfaßte lutherische Kirchenordnung für Reval.

Im Mittelalter hatten Deutscher Orden und katholischer Klerus die Stadt geprägt. Im 16. Jahrhundert machten sie Landesherren und dem Protestantismus Platz, der mit dem Augsburger Bekenntnis und dem evangelischen Pfarrhaus geistige und soziale Neuerungen von großer Tragweite durchsetzte. Den Ordensstaat, durch innere Wandlungen geschwächt, vernichtete erst der Livländische Krieg

(1558–1581). Das war der – gescheiterte! – Versuch Iwans IV. (des Schrecklichen), die Herrschaft an der Ostsee im Baltikum zu erringen. Reval geriet in die Turbulenzen der Auseinandersetzungen von Russen, Schweden und Polen um ökonomische und strategische Positionen.

Die Russen besetzten 1558 Narwa und Dorpat, Reval konnte nicht erobert werden. Die mächtigen Befestigungen, die doppelt gemauerten Böden der Häuser hielten den russischen Geschützen stand. Die Standfestigkeit Revals hatte wesentlichen Anteil am Ausgang des Krieges. Nur außerhalb der Mauern konnte der Krieg die Stadt verwüsten: Vor der Stadt sind noch heute die gigantischen Ruinen des Brigittenklosters zu besichtigen, das 1577 von den russischen Truppen abgebrannt wurde. Ein Opfer dieses Krieges wurde auch der »Rosengarten«, eine Art Vergnügungspark vor der großen Strandpforte, von wo aus die Revaler das Ein- und Auslaufen von Schiffen vieler Länder beobachtet hatten. Später wurden dort Wall und Graben angelegt.

Es wirft ein Schlaglicht auf das Selbstverständnis Revals, daß man schon im ersten Kriegsjahr in der Stadt erwog, sich vom Orden abzuwenden, da er keine Sicherheit mehr gegenüber der Russengefahr bieten konnte. Nachdem 1561 Reval die schwedische Oberhoheit anerkannt hatte, behielt die Stadt eine gewisse Unabhängigkeit, sie durfte zum Beispiel weiter der Hanse angehören. Gleichzeitig spitzte sich allerdings das Verhältnis zur Hanse zu. 1559 waren von den Revalern Schiffe aus Lübeck aufgebracht worden, die Kriegsmaterial für Rußland an Bord hatten. Eine Bombardierung durch eine dänisch-lübische Flotte hatte Reval 1569 zu überstehen.

Der Livländische Krieg konnte das Selbstbewußtsein der Hansestadt nicht erschüttern. Unter der Schwedenherrschaft fühlte man sich wieder sicher, und das gewohnte Leben nahm seinen Lauf. Das war ein durch Jahrhunderte praktiziertes geselliges Leben in Brueghelscher Vielfalt. Nach dem Ende der Schiffahrtssaison begann die »Weihnachtsdrunke« (niederdeutsch »Drunke« = Trinkgelage, Gildengelage), nach einer Pause von etwa einem Monat kam die »Fastelabend-Drunke« an die Reihe. Eine dritte Drunke fand am Sommeranfang statt; diese hing mit dem »Vogelschießen« (Papageienbaum) zusammen und wird 1446 zum erstenmal erwähnt. In das Frühjahr fiel das Maigrafenfest.

Auch als Reval 1710 unter russische Herrschaft geriet – bei der Pestepidemie 1710/11 überlebten von den fünftausendeinhundertundzweiundzwanzig Einwohnern der Innenstadt nur eintausendsiebenhundertundacht – und Estland nach dem russischen Sieg im Nordischen Krieg 1721 Provinz des Zarenreiches wurde, blieb für lange Zeit die pittoreske Unverwechselbarkeit Revals fast unangetastet.

Peter der Große (1672–1725) sicherte der deutschbaltisch orientierten Hansestadt weiterhin Autonomie zu. Während seiner Regierungszeit weilte der Zar nicht weniger als achtmal in den Mauern der Stadt, und die Reede von Reval war bevorzugter

Manöverplatz für seine geliebte Flotte. Für Reval war Peters persönliches Verhältnis zu Europa, zur westlichen Kultur und Technik ein besonderer Glücksfall. Er wurde Mitglied der Schwarzhäupterbruderschaft und beteiligte sich enthusiastisch an den Festen der jungen Kaufleute und Seefahrer. Peter war eine der bedeutendsten Persönlichkeiten europäischen Ranges, die Reval besuchten und feierlich eingeholt wurden. In Jahrhunderten formte sich dafür ein ausgefeiltes, nach Rang und Namen abgestuftes Zeremoniell. Im 18. und 19. Jahrhundert erwiesen fast alle russischen Herrscher Reval ihre Reverenz, und sie wurden loyal empfangen.

Abhängigkeit und eine gewisse Freizügigkeit bestimmten das Verhältnis Revals zu St. Petersburg. Von Komik und Tragik zugleich ist dabei zu berichten. 1773 entbrannte ein Streit zwischen dem Magistrat von Reval und der Schwarzhäupterbruderschaft bei der Eintreibung einer höheren Ortes auferlegten »freiwilligen Freudensteuer anläßlich des am 29. September vollzogenen Beilagers des Thronfolgers Paul Petrowitsch mit der Prinzessin Wilhelmine von Hessen-Darmstadt«. (Es ging um einhundertneunundvierzig Rubel!) Als der Günstling und Taufpate Peters des Großen, Admiral Abraham Hannibal (der Urgroßvater des Dichters Alexander Puschkin), der zu dieser Zeit Oberkommandant von Reval war, forderte, daß die Schwarzhäupter einem Kammerjunker ein Geschenk liefern, lehnten diese das »Ansinnen« ab.

1820 fand »unser Reisender« in Reval eine Stadt mit vorwiegend deutschem Gepräge vor. Die Verhältnisse in Estland waren mit denen im übrigen Rußland nicht zu vergleichen. Fast ein halbes Jahrhundert vor der Aufhebung der Leibeigenschaft in Rußland (1861) endete die Leibeigenschaft in Estland bereits 1816. Die weltläufigen Verbindungen Revals hinterließen Spuren vieler Länder. Die russische Provinzstadt zeichnete sich lange Zeit durch das Nebeneinander verschiedener sprachlicher, kultureller, nationaler Strukturen aus. Als Grenzraum war Reval anziehend für West und Ost; man zog aus Deutschland hierher ebenso wie aus dem Inneren Rußlands. Während des 17. Jahrhunderts fand der deutsche Barockdichter Paul Fleming (1609 – 1640) im fernen Reval die poetische Inspiration, die ihm seine vom Dreißigjährigen Krieg verwüstete Heimat nicht geben konnte. Nach 1721 suchten und fanden deutsche Aufklärer ein Wirkungsfeld im Baltikum. Einer von ihnen, Otto Masing (1762 – 1832), hatte in Halle studiert; 1788 bestellte man ihn zum Pastor in Luggenhusen im Revalschen. Der Geistliche war ein vielseitig begabter und interessierter Mann, förderte die Esten: Er gab eine Zeitschrift in estnischer Sprache heraus und fertigte eine estnische Übersetzung der Livländischen Bauernordnung an. Protestantische Pastorate hatten im Baltikum ihren festen Platz als kulturelle und gesellschaftliche Kristallisationspunkte. Masing war ein manifestes Beispiel für eine besondere, nur im 19. Jahrhundert und nur im Baltikum anzutreffende gesellschaftliche Schicht: die sogenannten »Literaten«; dazu gehört auch Pastoren, Apotheker, Ärzte oder Juristen.

II

»Die nadelscharfen Spitzen der schlanken Türme, die altväterlichen Giebel und Dächer, die grauen Festungswerke sind weiß wie Salz ... der dicke weiße Schnee nimmt allen Konturen die Schärfe.«

Werner Bergengruen über Reval

Alexander Bestushew traf im Dezember 1820 in der Stadt ein. Er kam von der anderen Seite: aus dem knapp dreihundert Kilometer entfernten klassizistischen St. Petersburg in das gotische Reval, aus dem feudalen, endlosen Rußland in die enge, bürgerliche Stadt, die – nicht ganz abwegig – als »Kaufmannsrepublik« apostrophiert worden war.

In »Reise nach Reval« berichtete Bestushew über seine Entdeckungen und Erlebnisse. Der 1821 in der Druckerei von Pljuschtschar zu St. Petersburg hergestellte schmale Band hatte für die russische Literatur und für seinen Autor viel mehr Gewicht, als sein bescheidenes Äußeres vermuten lassen konnte. Für den jungen Autor bedeutete er den Eintritt in die russische Literatur; in dem Bändchen wurde ein Thema aufgenommen, das zu einem zentralen Thema in Rußland werden sollte: »Livland«, in der zeitgenössischen russischen Literatur von gleicher Bedeutung wie »Deutschland«.

Auf seine Reise war Bestushew in vielerlei Hinsicht gut vorbereitet. Herkunft und Entwicklung hatten den jungen Adligen geformt. Er entstammte einer verarmten Adelsfamilie. Der Vater, der den russischen Aufklärern des 18. Jahrhunderts nahestand, war bereits 1810, als Alexander gerade dreizehn Jahre alt war, verstorben. Weltsicht und moralische Haltung dieses Mannes haben das Leben seiner sieben Kinder (fünf Söhne und zwei Töchter) trotzdem nachhaltig vorgezeichnet. Alle Brüder wurden Offiziere. Vier Bestushews haben an der Dekabristenverschwörung des 14. Dezember 1825 teilgenommen.

Der älteste Bruder Nikolai war Vorbild für Alexander. Der Seeoffizier und Historiograph der russischen Flotte hatte gegen Napoleon gekämpft. 1812/13 hielt er sich zwei Monate in Deutschland auf. Mit russischen Kriegsschiffen reiste er in die Niederlande und nach Gibraltar. Die Berichte des älteren Bruders von diesen Fahrten haben den heranwachsenden Alexander tief beeindruckt. Seine bemerkenswerte Aufmerksamkeit für alles, was mit Deutschland zusammenhing, hatte mit Sicherheit hier eine Wurzel.

1817 wurde Alexander Offizier der Garde. Eine glänzende militärische und diplomatische Karriere kündigte sich an. Alexander bekam Zugang zu höchsten Kreisen, wurde Adjutant des Herzogs von Württemberg. Der elegante, geistreiche Gardeoffizier war bald Mittelpunkt der Hofbälle im Petersburger Anitschkow-Palast. In den Tanzpausen stürzte der junge Hitzkopf ins Nebenzimmer und »warf« Verse aufs Papier. 1822 lernte Alexander den späteren Dekabristendichter Kondraty Rylejew (1795–1826) kennen. Die beiden Gleichgesinnten verband bald Freundschaft. Alexander Puschkin (1799–1837) sah in Bestushew die größte Hoffnung der russischen Prosa und schrieb später aus der

Einsamkeit seiner Verbannung in Michailowskoje, daß er mit niemandem so gut disputieren konnte wie mit ihm.

Auf Bestushews Erstling »Reise nach Reval« folgte ein Zyklus livländischer Erzählungen, die ihm Ansehen als Schriftsteller einbrachten. Der nachhaltigste Beitrag Alexander Bestushews zur russischen Literatur war das von Rylejew und ihm gemeinsam (1823–1825) herausgegebene überaus erfolgreiche literarische Journal »Polarstern«.

Die Freundschaft mit Rylejew hatte Bestushew in den engsten Führungskreis der adligen Revolutionäre geführt, die unter dem Eindruck der Französischen Revolution im rückständigen feudalen Rußland Veränderungen anstrebten. Die gemeinsame Wohnung von Rylejew und Bestushew im Zentrum St. Petersburgs, am Flüßchen Moika, wurde am Vorabend des 14. Dezember 1825 zum Hauptquartier der Verschwörer. Nach dem gescheiterten Aufstand rechnete der Zarismus grausam ab. Fünf revolutionäre Führer, darunter Rylejew, starben in der Peter-Pauls-Festung am Galgen. Die Todesstrafe für Bestushew verwandelte der Zar in Verbannung. Isolierung, Qual und Erniedrigung begleiteten sein weiteres Leben. Zwar wurde das Urteil später aufgehoben, aber nach Petersburg zurückkehren durfte Bestushew nicht. Als einfacher Soldat, dann als subalterner Offizier diente er in Dagestan, wo er an den Kämpfen russischer Truppen gegen die kaukasischen Bergvölker teilnahm. 1837, im Todesjahr Puschkins, fand er bei einer militärischen Operation den Tod.

Seiner literarischen Berufung ist Bestushew nie untreu geworden. Ab 1831 erschienen unter dem Pseudonym »Marlinski« in einer führenden Moskauer literarischen Zeitschrift Erzählungen von ihm, die durch ihr abenteuerliches Flair und, nicht zuletzt, weil sich die zeitgenössische Gesellschaft brillant abgebildet fand, Aufsehen erregten. Die späten Werke »Bestushew-Marlinskis« waren volkstümliche Literatur im besten Sinne dieses Wortes. Sie stellten teilweise hohe Ansprüche an den Leser, kamen dessen Erwartungen und Träumen aber entgegen.

Als Bestushew 1820 nach Reval reiste, lag das Leben vor ihm. Seine Weltsicht war noch bestimmt von den ungebrochenen Idealen der Dekabristen. Die Entdeckung des eigenen nationalen Selbstbewußtseins und der russischen Geschichte standen im Vordergrund, für die Dekabristen nicht zu trennen von der Achtung vor anderen Völkern. Auch der Anstoß zur Reise nach Reval war direkt in dekabristischen Überzeugungen zu suchen. Reisen war so etwas wie eine Doktrin der Dekabristen: »Kennenlernen fremder Völker und ihrer Sitten und Gebräuche durch Reisen« steht in einem ihrer Programme.

An die Vorbereitung seiner Reise ging der angehende Schriftsteller mit wissenschaftlicher Akribie: Er übersetzte einen Artikel über Livland und studierte vor allem eine Quelle, die für seine spätere Reisebeschreibung von besonderem Gewicht sein wird: die »Chronica der Provinz Lyfflandt« von Balthasar Russow (1542–1602). Diese Chronik aus dem 16. Jahrhundert (1578 in Rostock zuerst erschienen) ist bis heute die ergiebigste Quelle zur mittelalterlichen Geschichte Estlands. Als Bestushew dieses Werk in deutscher Sprache las, war man noch der Meinung, daß der Verfasser ein Deutscher sei. Inzwischen hat der Historiker Paul Johannsen entdeckt, daß es sich bei Balthasar Russow um einen Sohn des Revaler Fuhrmanns Sano Rissa (eines Esten!) handelt. Russow selbst war Pastor der »undeutschen«, also der estnischen protestantischen Kirche in Reval.

Daß sich Bestushew dem Buch Russows in einem solchen Maße anvertraute, zeugt von Toleranz und einer gewissen Unvoreingenommenheit, auch von Vertrautsein mit der deutschen Sprache. Wahrscheinlich stammen viele der deutschsprachigen Einschübe im Text aus dieser Quelle. Besonders beeindruckte Bestushew bei Russow die Behandlung der rechtlosen Lage der Bauern in Livland. Mit anderen Positionen, zum Beispiel mit der Russenfeindlichkeit, konnte sich Bestushew nicht identifizieren. Auf Russow stützte er sich bei der Darstellung des mittelalterlichen Reval, von ihm übernahm er die einseitige kritische Bewertung des Deutschen Ritterordens, aber auch die für einen Russen seiner Zeit erstaunlich distanzierte Beurteilung der russischen – besonders Iwans des Schrecklichen – Kriege um Estland.

Das Aufspüren, Betrachten, Prüfen und Werten des Unbekannten, Andersartigen wird zum Sinn des Buches. Der Autor erlebt eine erwartete, fundiert vorbereitete und genau kalkulierte Begegnung mit Reval. In fiktiven Briefen – eine erprobte literarische Form jener Zeit – übermittelte er seinen Freunden die Beobachtungen nach St. Petersburg.

Der erste Brief, am 29. Dezember 1820 geschrieben, berichtet vom Verlauf der mehrtägigen Fahrt. Anhand der konkreten geographischen Punkte – es ging über Narwa, Jamburg, Wesenberg – kann der Leser den damals mühseligen Weg – bei Frost und Sturm, mit vielen Aufenthalten und Irrfahrten des Pferdeschlittens im endlosen »Schneemeer« auf der Karte leicht verfolgen. Bestushew schildert Eindrücke von unterwegs, Befindlichkeiten, Reisebekanntschaften, Gespräche, Verkehrsbedingungen. Seine Notizen ergeben das Protokoll und Psychogramm einer persönlichen Reise auf den winterlichen Wegen im Rußland des 19. Jahrhunderts. Nichts, was historische Bedeutsamkeit besitzt, wurde dabei übersehen: weder die Ruine des gotischen Schlosses in Wesenberg, wo im 13. Jahrhundert die Kreuzritter mit russischen Truppen kämpften, noch das Schlachtfeld von Maholm, wo einst der Deutsche Ritterorden gegen die Truppen Iwans III. stritt. Bestushews Impressionen erinnern oft an die Bilder romantischer Maler.

Das eigentliche Anliegen der Reise war natürlich Reval. Mitten im ältesten Teil der Stadt, in der Dunkerstraße, die seit 1516 ihren Namen trägt, der aus der Enge und Dunkelheit zwischen relativ hohen Häusern abgeleitet wird (niederdeutsch *dunker* = *dunkel*), nahm Bestushew Quartier. Im Westen mündet die Dunker-Straße in die Rader- und die Ritter-Straße, die am Fuß des Domberges entlang führen, wo im 13. Jahrhundert die ersten deutschen Kaufleute siedelten. Jenseits der Raderstraße stand, wenige Minuten entfernt, auf dem Domberg das Ritterhaus, wo die Turniere – auch jenes berühmte Turnier, das Bestushew literarisch gestaltet hat – im 16. Jahrhundert stattfanden. Richtung Osten war die Dunkerstraße der kürzeste Weg zum nahen Rathaus. Bog man vom Markt in die Schmiedestraße ein, so erreichte man schnell die Schmiedepforte, unter der 1535 der Herr von Reisenberg wegen der Tötung eines seiner Vasallen hingerichtet worden ist.

Die Berichterstattung erfolgte deutlich aus dem Blickwinkel des Petersburgers. Seinen Freunden, die die weitläufige Stadt an der Newa mit ihren breiten, geraden Alleen gewohnt waren, versuchte der Reisende einen Eindruck des mittelalterlichen, engen Reval zu vermitteln, indem er Revaler Verkehrsgewohnheiten vorstellte: In Reval waren die Straßen gekrümmt und so eng, daß die Kutschen mit einer Glocke fahren mußten, um Entgegenkommende zu warnen.

Ein Juwelier weist kostbares Geschmeide in günstigem Licht vor, deutet dabei auf einzelne Edelsteine. So verfährt Bestushew mit Reval. Die wichtigsten alten Straßen werden zum Ausgangspunkt für einen Gang durch die Stadt, der bei einzelnen Gebäuden innehält. Topographische Genauigkeit, historisches Hintergrundwissen und der gut überdachte eigene Standpunkt vereinen sich auf das glücklichste. Es spricht für sich selbst, daß dieses Werk im 19. Jahrhundert Reiseführern als Vorlage diente.

Bestushews Gedanken kreisen vor allem um die schon während der Hinreise befürchtete Germanisierung »des gesamten Lebens in Reval«. Aber angesichts der hanseatischen Bauten und der für einen Russen exotischen Anlage der Stadt bricht Begeisterung durch: Die Sauberkeit der Straßen, die deutsche Geselligkeit, die strenge Pracht des gotischen Rathauses, des Hauses der Schwarzhäupterbruderschaft, des Domes beeindrucken den Besucher, der seine Sympathie nicht unterdrückt. Der Vorstellungskraft und Phantasie des Schriftstellers fällt es leicht, die Vergangenheit: die Beratungen der Ratsherren, das Marktleben, die Feste der Schwarzhäupter, lebendig werden zu lassen. Bittere Ironie und Anklage bestimmen den Ton, in dem Bestushew vom Ritterorden und der Geistlichkeit berichtet. Voreingenommenheit und die von der Russow-Chronik genährte Antipathie ließen ihn hier zu zeitbedingten Pauschalurteilen kommen. Inwieweit seine Begeisterung über die vom russischen Zaren durchgeführte Aufhebung der Leibeigenschaft äsopische Redeweise oder zarentreue Haltung ist, läßt sich schwer ermitteln. Wahrscheinlich sind beide Aspekte miteinander verwoben.

Das gleiche Gewicht wie der attraktiven Historie Revals räumt der Besucher der Gegenwart ein. Gespräche mit Revalern münden fast in eine Umfrage. Die traditionellen Festlichkeiten zum Jahreswechsel haben ebenso sein Interesse wie das reiche Theaterleben der Stadt. Auch ein besonderes Ereignis fand Eingang in die Tour d'horizon durch Reval:

der Brand des Olaikirchturms im Sommer 1820. Bestushew konnte die Folgen dieser Katastrophe ein halbes Jahr später noch besichtigen. Die 800-jährige Geschichte dieser Kirche erzählt übrigens von mindesten vier Bränden: einer entstand beim großen Brand von Reval 1433 und drei weitere durch Blitzschlag 1625, 1820 und 1931.

Die Briefform macht den Band leicht lesbar; dennoch sollte man dieses Jugendwerk nicht unterschätzen! Stilistische Vielfalt und Wechsel der Erzählperspektive unterstreichen die Experimentierfreudigkeit des angehenden Schriftstellers. Poetische Miniaturen – Legenden, Erzählungen und sogar Verse – reichern den Text an und weiten ihn über den Rahmen des Dokumentarischen, des Abenteuerlichen hinaus.

Das vielgestaltige Reval forderte seinen Betrachter heraus. Bestushew hat eine, sicher nicht die einzige, Variante zur Interpretation der alten ehrwürdigen Hansestadt gefunden. Nicht zuletzt gelang es ihm, ihre zauberhafte Schönheit erlebbar zu machen.

Noch heute fasziniert den Leser die aufklärerische, weltoffene Sicht des jungen Autors. Bemerkenswert seine distanzierte Erwähnung der zahlreichen kriegerischen Auseinandersetzungen, wenn er auch nicht den geringsten Versuch macht, dieses Problem ernsthaft anzugehen. Wohltuend seine Aufgeschlossenheit allem gegenüber, was das multikulturelle Reval 1820 zu bieten hatte. Sicher war die unverhohlene Sympathie für die Esten nicht zeitgemäß, um so mehr obliegt es der Nachwelt, das zu würdigen! In manchen Beurteilungen blieb Alexander Bestushew in Vorurteilen stecken, in anderen wies er über seine Zeit hinaus. Dem ist vielleicht geschuldet, daß die »Reise nach Reval« seit über 150 Jahren weder in Rußland noch in der Sowjetunion herausgegeben worden ist und erst jetzt die erste vollständige deutsche Ausgabe erscheint.

Die Spuren deutscher Kultur in Reval sind bekannt. Die Reiseimpressionen Alexander Bestushews können eine neue, nicht so geläufige Perspektive vermitteln: Spuren russischer Schriftsteller im Seebad Reval des vergangenen Jahrhunderts.

Seit Beginn des 19. Jahrhunderts suchten russische Schriftsteller Entspannung und Inspiration in Reval, sie verbrachten teilweise viele Wochen in der Stadt. Es waren klingende Namen darunter: der Fabeldichter Iwan Krylow, der Freund und Lyzeumsgenosse Puschkins Anton Delwig und Fjodor Dostojewski. Puschkin fragte Delwig in einem Brief, ob das »ritterliche Reval seine westliche Muse« geweckt habe. Von Dostojewskis Aufenthalt im Jahre 1843 sind Zeichnungen gotischer Gebäude erhalten geblieben.

Die alte Stadt zwischen Ost und West hat ihre russischen Besucher mit schöpferischen Anregungen beschenkt.

Berlin, Winter 1991/92 *Ulrich Kuhnke*

Anmerkungen

Die mit A.B. endenden Kommentare stammen von Bestushew selbst.

7 *auf Dupatysche Weise* – Charles Dupaty (1746–1788), französischer Schriftsteller, Verfasser sentimentaler Reiseliteratur.

Ay – Französische Stadt an der Marne, berühmt wegen ihrer Champagnerfabrikation; hier: Champagner.

9 *Geßner* – Salomon Geßner (1730–1788), Schweizer Dichter und Maler der Aufklärung.

13 *alle Städte Livlands* – Livland war, neben Estland und Kurland, im zaristischen Rußland eine der drei Ostseeprovinzen (Estland am Finnischen Meerbusen, Livland südlich davon am Ostufer des Rigaischen Meerbusens, Kurland am Westufer des Rigaischen Meerbusens).

die Kanone im Kreml – Sogenannte Zarenkanone, steht auf dem Gelände des Kreml in Moskau, stammt von 1586, wiegt 40 Tonnen, Kaliber 890 Millimeter.

aus Traumdeutungsbüchern – Traumdeutungsbücher waren auch beim Adel im zaristischen Rußland sehr beliebt (vgl. Puschkins literarische Heldin Tatjana aus dem Versroman »Eugen Onegin«).

14 *weißes Moskau* – Moskau galt als die Stadt mit den »weißen Mauern«. Die innere Stadt war von einer weißgetünchten Mauer umgeben.

15 *den gesamten Feldzug hindurch* – Während des Krieges gegen Napoleon geführte militärische Kampfhandlungen 1812–1814.

21 *Lel* – Liebesgott der Slawen, Sohn der slawischen Venus Lada.

22 *»Hudibras«* – Poem des englischen Dichters Samuel Butler (1612–1680).

Boreas – Nord(ost)wind im Gebiet der Ägäis; zugleich Gestalt der griechischen Mythologie, in der bildenden Kunst in thrakischer Tracht und mit struppigem Haar und Bart dargestellt.

Dmitrijews Golubok – Gestalt in einem populären Lied des russischen Lyrikers Iwan Dmitrijew (1760 bis 1837).

25 *Werst* – Wegemaß im zaristischen Rußland; eine Werst = 1066,78 m.

26 *Einfluß der dauerhaften Freiheit* – In Estland erfolgte die Aufhebung der Leibeigenschaft durch den russischen Zaren Alexander I. 1816, in Rußland wurde die Leibeigenschaft erst 1861 aufgehoben.

»Essai critique ...« – Dreibändiges Werk (Dorpat 1817) des bayrischen Diplomaten François Gabriel, Graf de Bray (1765–1832), Gesandter in Berlin, 1808 in Petersburg, 1820 in Paris und 1827 in Wien. – Aus dem dritten Band, der sich mit der Lage der Bauern in Livland befaßt, übersetzte Bestushew für die russische Zeitschrift „Sohn des Vaterlandes" 1817 einen Aufsatz.

27 *Cyprianus von Karthago* – Heiliger und Kirchenvater (um 200–258), Bischof von Karthago; setzte sich für die Einheit der katholischen Kirche ein.

28 *Plettenberg* – Wolter von Plettenberg (um 1450 bis 1535), 1494–1535 Ordensmeister des Deutschritterordens in Estland; erfolgreich in der Abwehr der russischen Angriffe 1501–1503; unter Plettenbergs Amtszeit materieller Aufschwung der livländischen Städte.

29 *Arndt* – Johann Gottfried Arndt (1713–1767), geboren in Halle, wo er auch studierte; 1747 Conrektor am Lyzeum zu Riga; gab 1747 in Halle eine Chronik Livlands heraus.

Gadebusch – Friedrich Konrad Gadebusch (1719 bis 1788), geboren zu Altenfähr auf der Insel Rügen, studierte in Greifswald, 1771 Justizbürgermeister in Dorpat; Publikationen zur livländischen Geschichte.

34 *Laaksberg* – Zur Zeit der Reise Bestushews Anhöhe vor den Toren Revals; heute Stadtviertel von Tallinn.

36 *Hochheimer* – Hochheim, Stadt am Main, die durch ihre vortrefflichen Weine berühmt ist.

37 *Malek-Adhel* – Held des Romans »Mathilde« der französichen Schriftstellerin Marie Cottin (1770 bis 1807).

38 *Zephir* – Milder, leichter Wind, in der Antike warmer Westwind; auch Baumwollgewebe, Musselin.

39 *Ausspruch von Gresset* – Jean-Baptiste-Louis Gresset (1709–1777), französischer Dichter und Dramatiker.

»Vous savez: sur les goûts ...« – (franz.) »Wissen Sie, über Geschmack läßt sich nicht streiten.«

40 *Ségur* – Louis Philippe, Graf von Ségur (1753–1830), aus alter französischer Adelsfamilie, ab 1783 Gesandter in St. Petersburg.

42 *Pfeifen der Nachtwächter* – In Reval schlagen die Nachtwächter die Stunden nicht, sondern sie pfeifen sie. – A.B.

45 *Drama »Jermak«* – Kleines lyrisch-dramatisches Poem von Iwan Dmitrijew über Timofejewitsch Jermak (gest. 1585), den Eroberer Sibiriens.

47 *Aktienklub* – Dieser Klub erhielt seine Bezeichnung nach den gemeinsamen Kostenanteilen der Begründer. Jeder Anteil hieß Aktie, jeder Anleger Aktionär. Heute wird der Aktienklub zum großen Teil vom estnischen Adel unterstützt, der alljährlich zum 1. März zu Vertragsabschlüssen und im Juni zum Jahrmarkt anreist. – A. B.

47 *Melpomene* – Griechische Muse der Tragödie.
Thalia – Griechische Muse der Komödie.

49 *Seraskier* – Hoher militärischer Rang in der Türkei, bis 1908 Titel des türkischen Kriegsministers.
Tankred – Ritter aus Torquato Tassos Poem »Das befreite Jerusalem« (1581).
Palmyra – Antike Handelsstadt in der syrischen Landschaft Palmyrene; heute Ruinenstadt in einer Oase der syrischen Wüste.
Vestalin – Priesterin der Vesta, der altrömischen Göttin des Herdfeuers.
Sänger der Telemachide – Wassili K. Tredjakowski (1703–1765), Schriftsteller des russischen Klassizismus, dichtete François Fénelons »Abenteuer des Telemach« nach.

51 *Parny* – Evariste-Désiré Parny (1753–1814), französischer Dichter, Vertreter der Rokoko-Lyrik.
Sterne – Lawrence Sterne (1713–1768), englischer Schriftsteller, ein Protagonist der Reiseliteratur.

55 *Redoute* – Festungsbau, geschlossene Schanze mit nach außen gerichteten Winkeln.
Retranchement – Verteidigungsanlage, Verschanzung, verschanzte Linie.

58 *Süsternpforte* – Stadttor von Reval, nach dem nahe gelegenen Nonnenkloster benannt; Süstern (niederdt.) Schwestern.
das gräflich Stenbocksche Stadthaus – Die Vasallengeschlechter aus dem Rheinland und Westfalen erhielten im 13. Jahrhundert auf dem Domberg Stadthöfe. Die Namen der Familien sind an den Häusern erhalten geblieben. Ein Beispiel dafür ist das »gräflich Stenbocksche Stadthaus«.
Strandpforte – An der Hafenseite Revals wurde zum Schutz der Strandpforte die gewaltige dreiviertelrunde Bastion »Dicke Margarete« errichtet. Die daneben liegende Strandpforte, durch die der auf dem

Seewege eingetroffene Neuankömmling die Stadt betrat, wurde 1529 mit einem prachtvollen, von zwei Greifen gehaltenen Stadtwappen verziert.

58 *Katharinental* – Katharinental ist das schönste Ausflugsziel der Revaler im Sommer. Dort wohnen sie in Sommerhäusern und pflegen auch im Meer zu baden. – A. B.

Katharinental — Im Auftrag Peters I. 1716–1723 geschaffene Parkanlage mit dem Palast Kadiorg.

59 *Ossian* – Keltischer Sagenheld. 1765 gab James Macpherson unter diesem Namen altirische Heldenlieder heraus – eine geniale Fälschung.

62 *Der Dänenkönig Waldemar II.* – Mit ihm verbündeten sich (nach Arndt) der litauische Fürst Wenzeslaw und der Bischof des Ordens. Waldemar landete im Jahre 1219 in Estland. Drei Jahre lang kämpfte er gegen die Esten mit wechselndem Erfolg, und nach einer besonders heißen Schlacht stiftete er den Orden Danebrogs – gleichsam zum Gedenken an das Banner, das vom Himmel auf die Seite der Dänen gefallen war. – A. B.

Danebrog heißt bis heute die Kriegs- und Handelsflagge Dänemarks – Andenken an das sagenhafte Wunder, wonach in der Schlacht bei Reval am 15. Juni 1219 ein rotes Banner mit weißem Kreuz vom Himmel gefallen sei und Waldemar den Sieg gebracht habe. Der Danebrogsorden wurde in Wirklichkeit erst 1671 von Christian V. gestiftet.

63 *deutsche Ritter* – Die vom Sturm an das Meeresufer der Düna getragenen Deutschen ebneten den Rittern den Weg nach Livland, das nach den Liven benannt ist, die an der Dünamündung siedelten. Die Kreuzzüge und Missionen entzündeten damals alle Geister, beschäftigten alle Kräfte Europas. Meinhard, ein Augustinerchorherr, erbat sich bei Wladimir die Erlaubnis und verbreitete in Livland im Jahre 1184

als erster Gottes Wort, taufte viele Letten und Liven und errichtete die erste Kirche in Uexküll (Ikeskola) oder, wie andere sagen, in Kirchholm. Die eben bekehrten Götzenverehrer wandten sich schon bald vom Christentum ab und drohten, die aus Bremen eingetroffenen Missionare zu verbrennen oder zu ertränken. Papst Cölestin III. verkündete die Vergebung aller Sünden ebenso wie bei den Rittern von Palästina (Grabesritter) all jenen, die zur Bestrafung der livländischen Abtrünnigen ins Feld ziehen würden. Im Jahre 1198 landete der Missionar Berthold mit einem deutschen Heer an der Düna, um die Errettung mit dem Schwerte zu predigen. Doch wurde er schon bald in einer Schlacht gegen die Liven umgebracht. Seine übrigen Mitstreiter kamen durch den Verrat hinterlistiger Feinde um. Missionarischer Eifer ließ sich jedoch von Mißerfolgen nicht abschrecken. Noch im selben Jahr traf der Bremer Bischof Albrecht von Buxhoeveden mit sechshundert Kreuzträgern an den Ufern der Düna ein, gründete im Jahre 1200 Riga, errichtete viele Kirchen – mit einem Wort: Unter tausenderlei Gefahren, in ständigem Widerstreit mit dem Egoismus der Seinen und der Barbarei der Untertanen gründete er ein starkes Livland und den Schwertbrüderorden oder die Brüderschaft des Kreuzes Christi. Papst Innozenz III. verlieh diesen geistlichen Rittern den Status der Templer, doch der Orden bestand lediglich vierunddreißig Jahre lang. Seine Mißerfolge in den Auseinandersetzungen mit Litauen und mit den Esten zwangen den Magister Wolkwin, den Großmeister des Deutschen Ordens, beim ruhmreichen Hermann von Salza um den Beitritt der Schwertbrüder zum Deutschen Orden nachzusuchen. Die völlige Niederschlagung Wolkwins im Jahre 1237 durch den litauischen Fürsten Ringold – er fand gemeinsam mit zweitausend seiner Krieger den Tod – beschleunigte diesen Entschluß, und Papst Gregor IX. gab dem Zusammenschluß der beiden Orden seinen Segen. Auf diesem Wege kamen also die deutschen Ritter und eroberten ganz Livland. Die Letten (oder Latyschen) und Liven unterstützten die Deutschen bei der Unterwerfung ihrer Landsleute in vielen Dingen, besonders der furchtlose Neubekehrte Kobo oder Coupo (der Besitzer Kobbeseljas), von dem die Familien Liwenow und Koschkulej abstammen, tat sich durch missionarischen Eifer hervor. – A. B.

64 *eine der bedeutendsten Städte der Hanse* – Der genaue Zeitpunkt des Beitritts der Stadt Reval zur Hanse ist unbestimmt. Gleichwohl wird die Stadt im Jahre 1284 bereits als Stadt des Hansebundes erwähnt. – A. B.

68 *Vernichter-Schilde* – »Auf's Schild nehmen« bedeutete damals, jemanden auszuplündern bis aufs Letzte. – A. B.

69 *allodial* – Zum Allod gehörig, frei von Steuern (Abgaben).

sujet, fief et vassal – (franz.) Untertan, Lehen und Vasall.

70 *ihr siegreiches Schwert* – Die Ordensältesten waren sehr erstaunt, als sie erfuhren, daß die Russen in Livland eingefallen waren. Sie feierten zu dieser Zeit gerade die Hochzeit irgendeines Revaler Kommandanten. – A. B.

71 *Fürstenberg* – Der Ordensmeister Fürstenberg ging auf das Angebot Iwans des Schrecklichen, sich von der Würde des Ordens zugunsten der Würde eines Herzogs unter der Herrschaft der russischen Krone loszusagen, nicht ein und starb in Moskau im Kerker. – A. B.

Anton Till – Als Fürst Schuiski im Jahre 1558 Dorpat belagerte, bot jener Bürger alles, was er besaß, für die Rettung der Stadt – allein, es war zu spät. Weder

Gold noch Wagemut halfen den Rittern. Die Stadt ergab sich, der Orden wurde zerschlagen. – A. B.

72 *Minin* – Eigentlich Kusma Minitsch Suchoruk (gest. 1616), Organisator der nationalen Befreiungsbewegung während der polnisch-schwedischen Intervention in Rußland zu Beginn des 17. Jahrhunderts. Er wurde – zusammen mit Dmitri Michailowitsch Posharski – von den Zeitgenossen und der Nachwelt als Nationalheld verehrt.

livländisches Zarenreich – Herzog Magnus von Holstein, Sohn des Dänenkönigs Christian III., tauschte mit seinem Bruder Friedrich II. einen Teil des Herzogtums Schleswig, seines Erbes, gegen die Bistümer Ösel und Pilten (in Estland gelegen). Diese hatte Friedrich II. im Jahre 1559 vom Bischof Münhausen erworben, der jedoch seinerseits nicht das geringste Recht hatte, sie zu veräußern. Der Bischof Moritz Wrangell folgte diesem beschämenden Beispiel, und darin liegen die Wurzeln für Magnus' Ansprüche auf einen Teil Estlands. Iwan der Schreckliche verheiratete ihn mit einer seiner Verwandten, ließ ihn zum Zaren von ganz Livland ausrufen und anschließend in ein Verlies werfen. Sein Leben lang blieb Magnus der Spielball von Schicksal und Despoten. – A. B.

76 *durch sein Unglück Bekannter* – Johann Reinhold Patkul (1660–1707), deutsch-livländischer Edelmann; 1689 Mitglied der livländischen Deputation, die von Karl XI. Rechte und Privilegien des livländischen Adels zurückverlangte. Wurde in Schweden verurteilt, konnte fliehen und trat in polnisch-kursächsische und später russische Dienste; 1707 an Schweden ausgeliefert und als Landesverräter lebendig gerädert und gevierteilt.

ruhmreiche Vorbilder – Der Strelitzenführer Koschkarow schlug im Jahre 1560 mit zwei Hundertschaften Russen die Armee des Gotthard Kettler, die Lais besetzt hielten, in die Flucht. Uexküll widersetzte sich im Jahre 1558 mit vierhundert Kriegern fast einen Monat lang den Russen und wollte während des Sturmes auf dem letzten Stein der zerstörten Stadt sterben. »Die Deutschen saßen in Erwartung des Todes«, so schreibt unser Chronist, »doch die Russen, der Furchtlosigkeit Respekt zollend, ließen die Überlebenden in Ehren ziehen.« – A. B.

Oberst-See – Auch »Obersee«: im Süden von Reval gelegener See.

78 *Sotow* – Der Sohn des ersten Lehrers Peters des Großen. – A. B.

ein Abendessen – Der Kapitän des in zaristische Hände geratenen Schiffes »Prinz Karl I.«, der am Abend der Schlacht bei Admiral Tschitschagow zu Abend aß, sprach zu ihm: »Wir haben uns verrechnet: wir gedachten, Euch zu bewirten, und sind überraschend Eure Gäste geworden.« – »Dies war der Wille des großen Herrschers der Welt«, lautete die Antwort des Admirals. – A. B.

Wenden – Am 100 m hohen Ufer der Aa gelegene Stadt, einst Sitz des Landes-, später des Heermeisters der mit dem Deutschen Orden vereinigten Schwertbrüder; 1577 von Iwan dem Schrecklichen belagert und eingenommen.

79 *Kamelot* – dichtes Wollzeug.

schließlich gegen Samt – Die Mäntel der Ritter waren dem Statut nach weiß mit einem schwarzen Kreuz auf der linken Seite. Doch im 15. Jahrhundert wurde Schwarz zur Paradefarbe, zu dieser Zeit kamen auch Stiefelmanschetten und Fischbein in Mode. Die Damen trugen Pelzkappen, Tücher und Schürzen waren mit Perlen besetzt, die Kleider aus wollenen Stoffen und Brokat. An Kopf, Hals und Händen – Ringe, Halsketten und Kolliers; Plettenberg, in dem Wunsche, dem Prunk Einhalt zu gebieten, bestimmte, Ausgaben und Kleidung eines jeden nach dem Bedarf einzugrenzen – aber das nützte nichts. – A.B.

80 *Kelch überlieferte* – Christian Kelch (1657–1710), geboren in Greifenhagen/Pommern, Studium in Rostock; verfaßte eine »Liefländische Historie« (1695). 1710 Berufung nach Reval, wo er starb.

81 *Plat-deutsch* – Für viele Gebäude und Straßen im alten Reval wurden niederdeutsche (plattdeutsche) Bezeichnungen verwendet. So heißt ein heute noch erhaltener Festungsturm »Kiek in de Kök« (»Guck in die Küche«); die Dunkerstraße, in der Bestushew Quartier gefunden hatte, trug vormals den Namen »Strate achter de Munte« (»Straße hinter der Münze«).

84 *ein unterirdischer Gang* – Ein anderes Kloster, dessen Überreste man in Reval sehen kann, wurde zu Ehren des heiligen Michael errichtet, zwanzig Jahre vor der Stadtgründung durch den Dänenkönig Erik II. Kotzebue schrieb über den erwähnten unterirdischen Gang einen ziemlich spannenden Roman. – A.B.

85 *einer unserer jungen Poeten* – Jewgeni Baratynski (1800–1844). – A.B.

86 *Okolnitschi* – Hochgestellter Beamter aus dem Gefolge des Zaren.

Kola Iwana – In der Note an Karl XII., mit der Rußland den Schweden den Krieg erklärte, wird die Rechtmäßigkeit der Ansprüche Rußlands auf Estland nachgewiesen. – A.B.

88 *Professor Rickers* – Heinrich Wilhelm Joachim Rickers (1753–1826). Geboren in Narwa, Studium in Halle; 1781 an der Dom- und Ritterschule Reval als Lehrer, 1802 dort Professor, übernahm 1811 das Direktorium der Ritter- und Domschule; Mitglied der Mineralogischen Gesellschaften zu Jena und St. Petersburg. Publizierte in Reval 1810 »Kurze Übersicht

der Geschichte von Estland von 1219–1710« und 1820 »Etwas über die St. Olaikirche in Reval, die durch einen Blitzstrahl in der Nacht vom 15. zum 16. Junius 1820 zerstört wurde«.

89 *Sechsundneunzig-Pfund-Karonadenkugeln* – Karonade: leichtes kurzes Vorladeschiffsgeschütz für den Nahkampf, zuerst hergestellt 1774 in Carron in Schottland.

90 *Pontus de la Gardie* – Schwedischer Heerführer, 1585 in der Narowa ertrunken.

Admiral Samuel Greigh – Samuel Greigh (1735 bis 1788), russischer Flottenführer unter Katharina II.; zeichnete sich in der Seeschlacht von Tschesme (1770) aus, wo die russische die türkische Flotte vernichtete.

91 *Sweaborg* – Festung am Finnischen Meerbusen, 1749 von Schweden erbaut. Am 7. April 1808 durch Kapitulation des schwedischen Kommandanten, Admiral Cronstedt, von Rußland übernommen.

96 *Duc de Croy* – Karl Eugen Croy (1651–1702), Herzog, Befehlshaber der Truppen Peters I. 1700 bei Narwa; Croy geriet in schwedische Gefangenschaft und starb in Reval (vgl. dazu Werner Bergengruen, »Der Tod von Reval«). Bestushew gibt ein falsches Todesjahr von Croy an.

98 *Arschin* – Russisches Längenmaß; ein Arschin = 71,11 cm.

99 *Nacht auf den 16. Juli* – In der Erstausgabe von Bestushews Buch wird der 16. Juli als Datum des Brandes angegeben; die Ratsbücher von Reval beweisen, daß dies ein Fehler ist. Der Brand war in der Nacht vom 15. zum 16. Juni 1820 (vgl. auch die Abbildung des Protokolles der Ratssitzung, in der über den Brand gesprochen wurde).

Sashen – Russisches Längenmaß; ein Sashen = 2,3 m.

102 *Götze Thor* – In der nordischen Mythologie Gott des Donners, Beschützer der Bauern gegen das Riesengeschlecht der Joten und Thursen. Nach ihm ist der Donnerstag (Thorstag) benannt.

1329 errichteten die Dänen – Die ersten dokumentarischen Nachrichten über die Existenz der Olaikirche stammen von 1267. An dieser Stelle hat es aber bereits vorher eine Kirche gegeben, wie ausgegrabene Fundamente beweisen.

103 *Malvasier* – Ein im Mittelmeerraum und in Südeuropa verbreiteter Weißwein.

105 *Klub ... Einigkeit* – Hier trug sich einmal eine überaus komische Anekdote zu. Ein Ausländer, der auf der Suche nach einem Klub *Ercholung* war, betrat versehentlich den Klub *Einigkeit*, in dessen Flur sich zwei Deutsche prügelten. Er traf sie auf dem Höhepunkt ihrer Auseinandersetzung an und fragte, ob hier die »Erholung« sei. »*Was ist die Ercholung*«, fragte einer von ihnen zurück, dem andern einen Fausthieb versetzend, *»hier ist die Einigkeit!«* – A. B.

Palast ... in Katharinental – Im bescheidenen Palast von Katharinental bewahrt man einige Instrumente und Kleidungsstücke Peters des Großen auf; in dem Häuschen am Teich werden drei Ziegelsteine gezeigt, die er eigenhändig in die Mauer einsetzte. – A.B.

112 *Poem »Der Feldzug Igors gegen die Polowzer«* – Gemeint ist das »Igorlied«, anonyme heroisch-epische Dichtung, verfaßt 1187 als unmittelbarer Widerhall auf den mißglückten Feldzug des Fürsten von Nowgorod, Igor Swjatoslawitsch, gegen die Steppennomaden (Polowzer).

114 *Tristram Shandy* – Titelgestalt bei Lawrence Sterne.

115 *Lethe* – In der griechischen Mythologie Fluß in der Unterwelt, aus dem die Seelen Vergessenheit tranken.

Rivarol – Antoine de Rivaroli (1753–1801), französischer Schriftsteller, Journalist und Linguist.

118 *Foi d'un journaliste* – (franz.) etwa: Bei meiner Journalistenehre.

122 *Heloten* – Staatssklaven im alten Sparta.

Stand der Hofleute – In Chroniken wird von den »Hofleuten« berichtet, daß nach dem Ende der Ordensherrschaft in Livland (1560) aus Söldnern der Ordensritter Abenteurer wurden, die allen möglichen Herren dienten, teilweise plünderten und mordeten.

Storonschtschik – Bedeutete früher das gleiche, was heutzutage Partisan und Fouragier zusammen bedeuten. Sie gingen an den Flanken und vor der Armee, plünderten die Umgebung, umgingen die Feinde und verunsicherten sie, besorgten »Zungen« (Gefangene, die aussagen konnten) und versorgten die Truppe mit Lebensmitteln. – A. B.

123 *Tschuden* – Eine finnische, den Esten verwandte Völkerschaft, die um den Peipus- und den Ladogasee siedelte.

Liven – Alter finnischer Volksstamm, heute in Esten und Letten assimiliert.

125 *so erzählt man sich* – Die hier skizzierte Anekdote kann man in Jacob Stählins »Originalanekdoten von Peter dem Großen« nachlesen (neu herausgegeben von Ulf Lehmann, Leipzig 1988).

126 *Armida* – Heldin aus dem Poem »Das befreite Jerusalem« (1581) von Torquato Tasso. Sie gilt als Verführerin.

130 *Unglück eines meiner Vorfahren* – Dieser Bericht aus der »Reise nach Reval« wurde in deutscher Sprache bereits im 19. Jahrhundert publiziert: 1822 in der »St. Petersburgischen Zeitschrift« unter dem Titel »Bestushew und Schreiterfeld. Schreckensszene aus dem 17. Jahrhundert«, 1838 nahm Friedrich Tietz in Berlin diesen Bericht unter dem Titel »Schreiterfeld« in eine Anthologie russischer Erzählungen auf.

130 *Opritschniki* – Enge Vertraute und Dienstmannen Iwans IV.

Uglitscher Zarensohn – Dmitri, der jüngste Sohn Iwans IV., der 1591 auf Befehl Boris Godunows (1552–1605) umgebracht worden sein soll (vgl. das Drama »Boris Godunow« von Alexander Puschkin, vertont von Modest Mussorgski).

131 *Otrepjew* – Mönch, der sich als Dmitri ausgab und den Zarenthron beanspruchte (vgl. Friedrich Schiller, »Demetrius«).

135 *Greis von Münster* – Nach der Einnahme Linnewardens 1577 stach man auf Befehl Iwans des Schrecklichen Gaspard von Münster, dem Marschall des Ordens, die Augen aus und peinigte ihn mit Ruten. – A. B.

freiwillig in die Luft flogen – Vierhundert Adlige schlossen sich nach der Einnahme Wendens durch die Russen im Schloß ein und faßten, als sie deren Grausamkeiten sahen, den Entschluß, sich selbst anzuzünden, um auf diese Weise der Gefangenschaft zu entgehen. Sie hielten eine Messe ab und warfen anschließend Feuer in die Pulverkammer. Das trug sich im Jahre 1557 zu. Doch de la Gardie übertraf bei der Einnahme Narwas und Wendens im Jahre 1581 selbst noch die Barbarei der Tataren. – A. B.

137 *Pallasch* – Schwerer Säbel.

Bukephalos – Lieblingspferd Alexanders des Großen.

Verzeichnis der Abbildungen

Der Mehrzahl der Abbildungen (8) liegt Johannes Schildhauers Band »Die Hanse«, Leipzig 1984, zugrunde.

Zu dieser Ausgabe

Die Übersetzung folgt der russischen Originalausgabe, Petersburg 1821. Kursive Textstellen weisen auf die vom Autor in deutscher bzw. französischer Sprache aufgenommenen Begriffe hin.

In der russischen Ausgabe liegt offensichtlich ein Irrtum bei der Datierung des fünften Briefes vor (im Original: Dezember 1820). Da Bestushew seine für den nächsten Abend bevorstehende Abreise ankündigt und diese in der Aufzeichnung vom 7. Januar 1821 auch bestätigt, wurde der Brief mit hoher Wahrscheinlichkeit am 6. Januar geschrieben; das korrigierte Datum ist im Text durch eckige Klammern gekennzeichnet.

Das den Briefen vorangestellte Motto wurde vom Nachwortautor hinzugefügt.

Inhalt